FRIEDHELM HOLTHUIS

GLAUBE = RISIKO

Erlebe, dass du Gott vertrauen kannst

SCM
R.Brockhaus

SCM

Stiftung Christliche Medien

SCM R. Brockhaus ist ein Imprint der SCM Verlagsgruppe,
die zur Stiftung Christliche Medien gehört, einer gemeinnützigen Stiftung,
die sich für die Förderung und Verbreitung christlicher Bücher,
Zeitschriften, Filme und Musik einsetzt.

MIX
Papier | Fördert gute Waldnutzung
FSC® C014496

Max-Eyth-Straße 41 · 71088 Holzgerlingen
Internet: www.scm-brockhaus.de; E-Mail: info@scm-brockhaus.de

Unter Mitarbeit von Mari Schmidt

In Kooperation mit dem Forum Theologie & Gemeinden,
Bundeswerk des BFP KdöR (Erzhausen)

Umschlaggestaltung: Andreas Sonnhüter; grafikbuero-sonnhueter.de
Titelbild: Wolken: shutterstock
Satz: typoscript GmbH, Walddorfhäslach
Illustrationen (Sprechblasen): tartila – Freepik.com
Druck und Bindung: GGP Media GmbH, Pößneck
Gedruckt in Deutschland
ISBN 978-3-417-01019-0
Bestell-Nr. 227.001.019

Inhalt

Zum Start

No risk, no faith

39 Jahre meines Lebens habe ich in Norddeutschland verbracht, ich bin Ostfriese. Jetzt lebe ich in Wuppertal. Als Ostfriese trage ich mein Herz auf der Zunge und bin manchmal nicht so politisch korrekt. Wenn du also etwas in diesem Buch findest, das dich erst mal irritiert, dann versteh es mit dem Herz-auf-der-Zunge-Verstand, okay? Manchmal kann ich nicht anders – wenn ich dich damit verletze, bitte ich um Vergebung.

Das Wichtigste ist mir allerdings, dass mehr Menschen ein Date mit Jesus Christus vereinbaren können. Deshalb habe ich dieses Buch geschrieben. Es wäre herrlich, wenn Kirchen wie Leuchttürme werden. Das passiert nicht durch mehr Angestellte, Ehrenamtler oder Mitglieder. Die Sichtbarkeit der Kirche äußert sich in der Kraft, in der jeder einzelne Nachfolger unterwegs ist. Es geht um dich und mich. Darum, wie wir das Licht leuchten lassen, das wir in uns tragen. Dafür müssen wir einen Lebensstil wählen, der Risiko selbstverständlich integriert – das Risiko, nur einen Schritt auf Glauben hin zu gehen. Kein Risiko, kein Glaube. *No risk, no faith.*

> Ich wünsche mir, dass Kirchen wie Leuchttürme werden.

Ich hatte immer wieder Menschen in meinem Umfeld, die absolute Hammerevangelisten waren. Sie waren wie geistliche Atomreaktoren. So bin ich nicht, ich wusste, das werde ich niemals so hinbekommen. Einer von ihnen war ein echter Freak. Der hat sich ein Beerdigungsauto gekauft. Ein seltsamer Geschmack, so gar nicht meins, aber dieses Auto war sein Missionstool. Es war ein »Glaubensauto«. Dementsprechend oft war es in der Werkstatt. Dort hat er dann allen Menschen von Jesus erzählt, fast bis zur Schmerzgrenze. Man kann sich das ungefähr so vorstellen: Der Mechaniker fährt sein Auto auf die Grube, geht unter das Auto mit dem Ziel, dem Evangelisten nicht mehr zuhören zu müssen, und um herauszufinden, was zu reparieren ist. Als er hochblickt, sieht er einen Aufkleber: »Gott sieht dich!« Auf so eine Idee muss man erst mal kommen!

Krasse Story. Aber wenn nur das mit »No risk, no faith« gemeint ist, dann steige ich lieber aus. Dafür bin ich nicht gemacht. Sicher hat auch jede Zeit ihre Wege und Methoden … Worauf es aber ankommt, ist: Jesus sagt: »Geht in die ganze Welt!« Das heißt auch: »Geh in *deine* Welt und verkünde das Evangelium – die gute Nachricht – allen Menschen.« Diesen Auftrag nehme auch ich als einfacher Ostfriese sehr gerne an. Aber was bedeutet dieses »Geh!« konkret?

Den Namen *Immanuel* und seine Bedeutung habe ich mir in der letzten Zeit neu vor Augen geführt. Gott ist *mit* uns, Gott ist *bei* uns. Er ist *für* uns. Theologisch gesprochen ist Jesus, der Immanuel, inkarniert aus seiner himmlischen Welt in unsere Realität. Das passierte in einem Stall, nicht in einem Palast. Jesus als Mensch hatte eher arme Eltern, lebte in einer Zeit, die voller Herausforderungen war. Doch eins wurde durch seine Geburt sonnenklar: Jesus war dort, wo die Menschen waren. Er hat sich nicht in ein Kloster zurückgezogen, hat sich nicht von der Außenwelt abgeschottet – er war mittendrin statt nur dabei! Das sollte uns ein Vorbild sein für unsere Kirche. Wir müssen die Liebe Gottes in die Gesellschaft einbringen, indem wir mitmischen und präsent sind. Manchmal habe ich das Gefühl, dass wir Christen das Weltgeschehen lieber aus einem gewissen Sicherheitsabstand kommentieren. Wir lassen uns für das eigentliche Spiel nicht aufstellen, um Teil der Mannschaft zu sein. Warum ist das so? Was hält uns vom Gehen zurück?

Alaskakälte aus Angst

Eine Herausforderung ist: Der ganz normale Mensch hier in Deutschland fragt nicht nach Gott, denn wir leben in einer postchristlichen Welt. Man tritt hierzulande eher aus der Kirche aus, als dass man Gott sucht. Die Kirchenskandale der letzten Jahre beschleunigen das noch. Diese Menschen wollen wir für Jesus erreichen: Leute, die noch kein Date mit Jesus hatten!

Dann beobachte ich noch eine Tendenz, die das Losgehen eher schwer macht: In Deutschland existiert das Phänomen »Phobie vor Sekten«. Beide Landeskirchen haben deshalb Sektenbeauftragte angestellt. Ihr Auftrag ist es, religiöse Strömungen, die anders und eventuell komisch oder vielleicht auch gut sind, zu beurteilen. Die potenzielle Gefahr einzuschätzen, die von religiösen Gruppen ausgehen könnte. Es könnte ja ein Risiko bestehen …

In Deutschland ist diese Angst vor Sekten real. Selbst ich als Pastor einer Freikirche möchte nicht, dass meine Kinder zu einer Sekte gehören. Wer möchte schon einer manipulativen Gehirnwäsche unterzogen werden oder zu einer obskuren, nicht auf der Bibel basierten Glaubensgemeinschaft gehören?

Kennt ihr diese Memes auf Social Media? Sie machen mir diese Phobie sehr deutlich. Da steht dann einer auf der Bühne und predigt, und in der Menge sieht man Gestalten mit Sprechblasen: »Du willst mich in deine Sekte bringen!« Und der Letzte in der Ecke hat so eine Gedankenwolke: »Du kriegst mich nie in deine Sekte!« Für mich ist das sehr eindrücklich. Denn ich bin oft der Typ, der auf einer Bühne steht und von Jesus erzählt. Und ich *will* Menschen gewinnen. Die Angst, manipuliert zu werden, findet gleichzeitig in den Köpfen statt, während ich über Jesus spreche. Sobald ich merke, dass es Menschen um mich herum so ergeht, erübrigen sich alle Glaubensgespräche.

Jesus setzt immer eine Kante. Wenn Menschen zum Beispiel über Achtsamkeit oder Buddha sprechen, wenn die Fühl-dich-wohl-Gurus das Wort ergreifen und über den Wert der Seelenkuscheldecke philosophieren, ist alles unter einer wohlig warmen Decke verborgen. Wenn einer anfängt und sagt: »Ich glaube an Jesus!«, dann kommt schnell dieses »Alaskagefühl« auf. Es scheint, als hätte sich der Raum mit Eiswürfeln gefüllt. Die vorher so angenehme Atmosphäre wird eiskalt. Aber genau diese Menschen, die sich nach dieser scheinbaren »Wärme« sehen, sind die, die wir für Jesus gewinnen wollen! Diese Situationen sind die Orte, an denen wir Licht sein können. Das meint das »Geh!« von Jesus.

Eine weitere Angst, die ich in Deutschland erlebe, basiert darauf, dass man besser nicht über Geld spricht und niemand Einsicht in die eigene Haushaltskasse haben darf. Man kann am Stammtisch über alles reden, auch über so intime Dinge wie Sex. Aber sobald einer fragt, was ein anderer verdient, zieht wieder die »Alaskakälte« auf. Die häufige, meist ruppige Antwort auf diese Frage lautet: »Das geht dich nichts an!« Erwartungsdruck bei Spenden oder die Kirchensteuer – also Geld – sind nach den Kirchenskandalen die häufigsten Gründe, warum Menschen aus der Landeskirche austreten. Dahinter steckt die Angst, dass die Kirche nur ans eigene Geld will.

Das ist ein regelrechter Temperaturschock! Denn als Nachfolger von Jesus gibt es diese Tabuthemen nicht. Wir klammern die Themen nicht aus, weil Jesus es auch nicht getan hat. Wir fallen in keine Alaskastarre, sobald ein vermeintlich privates Thema auf den Tisch kommt. Warum? Weil Jesus sagt: »Habt keine Angst! Ich bin der *Gott mit euch*!«

In der Credo Kirche, die ich leite, sprechen wir über Geld, auch öffentlich. Wir sind nicht individualistisch, sondern haben Kleingruppen, Hauskreise und Teams, in denen man sich persönlich trifft, sein Herz für andere öffnet, nahbar wird. Wir rücken eng zusammen und wollen zusammenhalten. Das ist sehr komplex. Gerade für Menschen, die durch die deutsche Kultur geprägt sind. Ich beobachte, dass Menschen sich lieber während eines Gottesdienstes in einer Kirche für Jesus entscheiden. Es ist leichter, »nur« in die Kirche zu gehen, als in eine Kleingruppe, in der man persönlich vor Ort ist und persönlich gesehen wird. Als Neuling in einem Wohnzimmer zu sein mit weiteren fünf Personen, das kann anstrengend sein. Besonders, wenn Transparenz in dieser Gruppe normal ist. Für jemanden, der keinen Bezug zum Glauben hat und die angstfreie Kultur nicht kennt, die Jesus möglich macht, ist es schwer zu sehen, wie wir uns gegenseitig unsere Schwächen und Kämpfe bekennen. Der Neuling fragt sich natürlich: »Was wollen die jetzt von mir?« Wenn wir ihm dann sagen: »Jesus liebt dich und deshalb musst du *ihm* auch mit deinem ganzen Leben vertrauen«, dann fordern wir sie sehr heraus. Das stellt das gesamte Weltbild infrage, es kommt unangenehm nah, es wird richtig persönlich! Natürlich werden da alle Manipulationsalarmleuchten direkt aufschreien.

Wer macht das denn freiwillig, denke ich oft, nur noch Fokus auf Jesus? Das ist doch eine unmögliche Botschaft, das eigene Leben jemandem anzuvertrauen, den man nicht sehen kann, der nicht bewiesen werden kann, oder? Ist doch kein Wunder, dass es mit den Kirchen nicht mehr funktioniert. Aber nicht meine Gedanken sind für diesen Punkt wichtig. Gott versichert in seinem Wort, dass das seit 2 000 Jahren funktioniert: »Denn ich habe euch nicht allein gelassen, ich habe euch den Heiligen Geist gegeben.«[1] Allein aus diesem Grund vertrauen Menschen ihr Leben Jesus Christus an:

weil der Heilige Geist in der Lage ist, ihr Herz zu berühren. Das ist meine Hoffnung für alle Menschen – auch für uns!

Salz und Licht

Wir »Almans« haben neben diesen Ängsten noch eine weitere Neigung: Regelwerke. Manchmal erinnern mich Deutsche an die Pharisäer, die die Überzeugung fast schon stur vor sich hertragen: »Das ist die Regel. Auch wenn sie gerade keinen Sinn ergibt – sie *muss* eingehalten werden!« *Warum* eine Regel eingeführt wurde und was sie bezwecken soll, gerät da schnell mal in den Hintergrund. Eine Regel wird von Deutschen gern einfach eingehalten, ohne sie zu hinterfragen. Was ich dazu denke? Um Autos zu bauen, ist das vielleicht gut, aber bei zwischenmenschlichen Beziehungen ist das nicht unbedingt sinnvoll. In der Beziehung zu Gott sogar absolut tödlich!

Als ich vor dreißig Jahren zum Glauben kam, hat man mir gesagt, dass das mit der Erweckung so geht: »Wir beten alle, wir singen alle und dann kommt die Erweckung! Und wenn wir die Augen wieder aufmachen, sind die Kirchen voll.« Es stimmt schon – wenn ich im Lobpreis die Augen schließe und wieder öffne, dann ist es in der Kirche tatsächlich meistens voller. Das hat aber weniger mit Erweckung zu tun als mit dem Pünktlichkeitsgefühl der Christen. 😉 Und das war sicher auch nicht, was meine Brüder und Schwestern damals gemeint haben.

> Jesus ist der Immanuel. Er war mittendrin statt nur dabei.

Mit Beten und Singen ist es nicht getan, so einfach geht es dann doch nicht. Menschen mit Jesus Christus in Kontakt zu bringen ist und bleibt eine Herausforderung, aber es ist absolut möglich. Jesus macht das deutlich. Er ist der Immanuel, er war mittendrin statt nur dabei, und er sagt: »Bleib nah an mir, dann wird mein Licht in dein Leben kommen.« Und dann sagt er auch, was wir mit dem Licht machen sollen: »Ihr seid das Licht, das die Welt erhellt. Eine Stadt, die oben auf einem Berg liegt, kann nicht verborgen bleiben« (Matthäus 5,14; HFA).

Es geht gar nicht darum, dass wir gut oder perfekt sind. Es geht darum, dass das Licht von Jesus aus uns herausscheint. Das heißt, wenn du ihn in dir trägst, kommt auch das Licht in dich hinein und verändert dich. Dann *bist* du Licht! Freunde, wo muss Licht denn hin? Licht muss dahin, wo es dunkel ist. Licht ist nur effektiv, wo es dunkel ist. Jesus predigt das in seiner weltbekannten Bergpredigt. Dort nimmt er noch einen weiteren Vergleich: »Ihr seid das Salz der Erde!« (Vers 13). Aber manchmal kommt es mir so vor, als wären wir Christen nur der Dekosalzstreuer der Erde. Salz erfüllt seinen Zweck nicht, wenn es als Deko auf dem Tisch steht. Erst wenn es mit dem Essen in Berührung kommt, entfaltet Salz seine Wirkung und kommt in seine Bestimmung. So ist es auch mit dem Licht: Es entfaltet seine Wirkung in der Dunkelheit. Licht hat die Bestimmung, die Dunkelheit zu erhellen.

Parameter dafür, eine kraftvolle Gemeinde zu sein, ist nicht, ob wir dort alle glücklich sind – natürlich ist eine gut gelaunte, liebevolle Kirche gut, aber davon hängt es nicht ab. Entscheidend für eine gute Kirche ist, dass sie mit ihrem Licht in der Dunkelheit leuchtet, mit ihrem Salz in Berührung mit dem »Fleisch« kommt. Wann sind wir das Salz in der Suppe und wo scheint das Licht, das Jesus in uns entzündet hat, stärker als die Dunkelheit?

Licht hat die Bestimmung, die Dunkelheit zu erhellen.

Ich will dir eine weitere Frage dazu stellen: Haben wir für das Salz-und-Licht-Sein eigentlich noch Zeit? Als Pastor stelle ich immer wieder fest, dass Menschen keine Zeit für die Kirche haben, aber auch, dass die Kirchen – also wir – keine Zeit für die Menschen aufbringen können. Gerade durch Corona wurden wir trainiert, keine Nähe zu Menschen zu haben, geschweige denn Berührungen mit Menschen zu erleben. Pandemisch hat das vielleicht Sinn ergeben. Aber wir müssen jetzt den Schalter wieder umdrehen und neu damit beginnen, Menschen mit der Liebe Gottes zu berühren, ihnen nah zu sein. Keine oder wenig Nähe bedeutet ein höheres Maß an seelischen Krankheiten. Auch das haben wir durch die Pandemie gelernt. Menschen können ohne Nähe nicht überleben. Und Menschen kommen ohne Nähe auch nicht zum Glauben. Es braucht eine echte Berührung mit dem Salz und jemanden, der das Licht in der Dunkelheit so mancher Seele anmacht.

Es gibt Studien, die aufzeigen, dass das Gefühl der Einsamkeit bei älteren Menschen in den letzten Jahrzehnten explodiert ist. Auf der einen Seite haben sie aus gesundheitlichen Gründen Angst vor Nähe und Begegnung, auf der anderen Seite vermissen sie diese Nähe und Berührung – eine Umarmung täte ihnen so gut. Das gilt meiner Meinung nach nicht nur für ältere Menschen. Es gilt für uns alle. Und genau jetzt sagt Jesus: »Du bist das Licht und das Salz!«

Trau dich, dass Kirche persönlich wird

Wem würdest du dich anvertrauen, wenn du vor Herausforderungen stehst? Einem wildfremden Menschen, den du irgendwo auf der Straße triffst oder im Internet findest? Schüttest du dein ganzes Herz einfach aus, wenn jemand dich eben mal anspricht? Erzählst du sofort von all deinen Sorgen, die mit deiner Geburt begonnen haben? Im Normalfall eher nicht. Um andere in unsere inneren Tiefen hineinschauen zu lassen, braucht es Vertrauen. Vertrauen braucht Zeit, dass es sich entwickeln kann. Und es braucht Menschen, mit denen du dich traust, dass es so richtig persönlich wird. Menschen, mit denen du echte Beziehungen lebst.

Meinen Freunden vertraue ich meine Herausforderungen an. Den Menschen, mit denen ich gute Erfahrungen gemacht habe und von denen ich sicher bin, dass sie mich nicht hintergehen. Zumindest nicht absichtlich. Denn ich mache mich ja verletzlich, wenn ich erzähle, womit ich herausgefordert bin. Das macht mich angreifbar. Die verletzlichen Punkte zeige ich doch nicht jedem auf der Straße. Das ist intim und das braucht einen sicheren Ort.

Und noch mal etwas tiefer: Schuld bekennen, den nächsten Schritt auf Jesus zugehen, eventuell in dem Wissen, dass man ausgelacht werden könnte – das macht man doch nur mit den Menschen, denen man vertraut. Menschen, die sich bewährt haben und von denen man weiß: »Der ist für mich! Vor ihm verliere ich nicht mein Gesicht!«

Wie hoch ist die Chance, dass die Menschen die Liebe Gottes erleben, wenn wir nicht in Freundschaft und Nähe zu ihnen leben? Ich behaupte, gleich null. Wann immer wir merken, dass kirchendistanzierte Menschen unsere Kirche nicht betreten, müssen wir zugeben, dass das nicht das Problem der Institution Kirche ist. Das liegt immer daran, dass die Menschen, die zu dieser Kirche gehören, ihre Leuchtkraft verloren haben. Manchmal sind wir durch unseren Alltag in der Kirche so absorbiert, dass wir vergessen, das Licht zu sein. Natürlich sollen wir uns in die Kirche investieren. Aber das heißt eben nicht, dass unsere Aufgaben in der Kirche verhindern, dass wir echte Nähe zu Menschen haben, die noch nicht in der Kirche sind.

Unser Auftrag ist es zu gehen! Unser Umfeld findet zu Jesus und unsere Kirche scheint als Licht, wenn wir uns trauen und gehen. Wenn wir in Beziehung treten, uns berührbar machen, emotionale Kapazität zur Verfügung stellen.

Drei Jahre lang habe ich mal was ganz Verrücktes gemacht: Ich war im Fußballverein. Das war für mich der einfachste Weg, um mit Menschen in Kontakt zu kommen, die nicht in meine Kirche gingen. Als ich frisch zum Glauben gekommen war, hatte ich das Fußballspielen aufgegeben, denn es war damals fast wie ein Götze für mich. Aber später bin ich mit drei Leuten aus unserer Kirche wieder zurückgegangen. Wir spielten immer sonntagnachmittags. Einmal ging der Gottesdienst länger als geplant und wir hechelten in die Kabine. Der Coolste der Truppe fragte: »Wo kommt ihr denn her?« Alles wurde still und jeder schaute uns an. Kennst du solche Momente? Unsere Antwort war natürlich: »Aus dem Gottesdienst!« Diese Gesichter vergesse ich nicht so schnell! Lauter Fragezeichen, als sei der Schriftzug »Serious?« auf ihre Stirn graviert. »Ernsthaft jetzt?« Das war taff.

Einige Zeit nach diesem Moment in der Kabine kam einer meiner Fußball-Buddys in eine Ehekrise. Dreimal dürft ihr raten, wem er sich anvertraute! Es waren nicht seine Saufkumpane, sondern jemand, der Hoffnung ausgestrahlt hat. So saß ich mit ihm am Tisch, als er erzählte, dass seine Ehe den Bach runterging. »Ich weiß nicht, was ich tun soll«, vertraute er mir an. Und so kam es, dass ich auf einmal mittendrin im echten Leben war statt nur danebenstand.

Wir sind Licht, wenn wir in scheinbar ausweglose Situationen Hoffnung bringen können.

Licht sind wir immer dann, wenn wir in scheinbar ausweglosen Situationen Hoffnung in das Leben von einer ganz realen Person bringen können. Das ist das hellste Licht, das eine Kirche nur haben kann. Dann wird eine Kirche zum Leuchtturm.

Kirche – das sind du und ich, wir Menschen sind die Kirche, nicht das Gebäude. Ein Gebäude zu haben ist gut. Aber zur Kirche wird es erst, wenn Menschen darin sind, die das Licht von Jesus

Christus weitergeben. Meiner Meinung nach gibt es nur einen Grund, warum Jesus uns noch nicht nach Hause geholt hat: Es ist noch unsere Aufgabe, Menschen mit ihm in Kontakt zu bringen. Es ist wichtig, als Kirche die Menschen darin zu begleiten, dass sie Schüler bei Jesus werden – man kann auch Jünger sagen, das ist nur ein anderer Begriff für »Lernender«. Wir lernen von Jesus, was echtes Leben bedeutet – das ist alles. Das ist Heiligung oder Jüngerschaft, wie auch immer man es ausdrücken mag. Das ist der Auftrag, den wir von Jesus bekommen haben.

Dafür gibt es die Kirche! Sie ist nicht dazu da, dass wir einen guten Klub besuchen und sonntags eine schöne Zeit haben. Die Kirche ist der Ort, an den wir unsere Freunde, Verwandten, Nachbarn oder Fremde mitbringen können. Sogar die, die sonst niemand mag, sind hier willkommen. Wir lernen gemeinsam in der Kirche, wie man mit Jesus Christus lebt, in ihm und durch seine Autorität – das ist alles! Dafür hat Jesus sie vorgesehen. Wenn Kirche so nicht ist, dann müssen wir sie reformieren. Diese Reformierung fängt in meinem Herzen an.

Wann hast du das letzte Mal jemanden mit in die Kirche gebracht? Wann bist du das letzte Risiko eingegangen, um an einem dunklen Ort das Licht anzumachen oder in einem lauen Umfeld kräftig zu salzen? Es kann sein, dass dir diese Frage peinlich ist. Trete ich dir damit zu nah? Das ist gut! Lass nicht zu, dass die Alaskakälte dich erstarren lässt. Es gibt Gnade. Denn diese Frage ist essenziell. Jeder, der Jesus nachfolgt, muss sich regelmäßig dieser Frage stellen.

In der Kirche geht es nicht darum, was Christenmenschen gerne hätten. Es geht darum, was Jesus gerne hätte. Und er ist gekommen, um die Menschen zu retten, weil er sie so sehr liebt (Johannes

3,16)! Wie schön ist das: Menschen kommen zum Glauben, geben ihr Leben Jesus und der Heilige Geist, der freigesetzt wird, wenn wir beten, wirkt. Eine Frau erzählte mir, dass sie, bevor sie in den Gottesdienst kam, solche Schmerzen hatte, dass es ihr richtig schlecht ging. Sie wunderte sich, dass das plötzlich alles weg war, als sie in der Kirche war. Das ist doch das, wovon wir träumen! Und das ist das Geheimnis des Glaubens: Wenn wir lieben, was Gott liebt, dann fängt *er* an zu tun, was uns unmöglich ist. Der Heilige Geist wirkt Wunder in unserer Mitte, aber nicht, damit wir eine Gänsehaut bekommen, sondern damit Menschenleben verändert werden.

Wenn wir lieben, was Gott liebt, dann fängt *er* an zu tun, was uns unmöglich ist.

Das ist mein Wunsch für dich: dass du im Glauben lebst und dein Leben ganz und gar an diesen mächtigen Gott hängst – ohne dich dabei noch selbst woanders abzusichern. Dass dich die Kultur des Glaubens wie eine Welle mitreißt und du als Bote aus einer anderen Realität Salz und Licht in der Atmosphäre von Angst und Regelliebe sein kannst. Ich wünsche mir, dass dir dieses Buch Rückenwind gibt, alle eigenen Absicherungen loszulassen und neu zu erleben: Du kannst Gott vertrauen! Es wird riskant werden. Aber Risiko ist in diesem Lebensstil das Kernprinzip. *No risk, no faith!*

1

Zwölf Männer im Boot, einer auf dem Wasser und was das mit dir zu tun hat

Ich komme aus der Generation »Bücherleser« und habe schon oft erlebt, dass ich wirklich enttäuscht bin, wenn ich ein Buch gelesen habe und dann den Film dazu sehe. Während ich ein Buch lese, stelle ich mir die handelnden Personen vor, die Orte, an denen sie sind. Im Kopf baue ich mir meinen eigenen Film. Die Verfilmung zu sehen, enttäuscht mich dann, weil alles nicht so abläuft, wie ich mir das im Kopf ausgemalt hatte. Unsere Vorstellungskraft ist ein starkes Tool! Lass uns deswegen direkt mal auf unser eigenes Kopfkino umschalten – und diese Geschichte neu erleben:

Zwölf Männer machen einen Ausflug, Bootsfahrt auf einem See. Es ist eine bunt zusammengewürfelte Truppe, jeder kommt aus einem anderen Beruf und Familienstand. Sie haben unterschiedliche Hintergründe und Begabungen mit sehr gegensätzlichen, aber auch gemeinsamen Eigenschaften. Da sind Seeleute und Handwerker, und Lukas, ein Arzt, ist sogar nicht mal Jude! Stell dir vor, sie sind so was wie eine Kleingruppe, sie machen einen Ausflug, sind mal wieder zusammen auf Tour. Manche sind es gewohnt, draußen zu arbeiten. Raue, muskelbepackte Kerle. Andere sind Denkertypen: ein Arzt, ein Zöllner … Alle sitzen in einem Boot und genießen es, einmal was ganz anderes zu machen. Das Wetter ist schön. Mit einem Mal wird es stockdunkel. Dort, wo eben noch heiße, helle Sonnenstrahlen vom Himmel schienen, türmen sich jetzt dunkle, düstere Wolken auf, mit denen der Wind sein Spiel treibt. Die Luft vibriert und das Wasser wirkt bedrohlich rau. Wellen toben um das Boot herum. Da kommt der ein oder andere der Typen auf den Gedanken, dass das Abenteuer auch gefährlich enden könnte!

Plötzlich sehen sie, wie sich etwas auf dem Wasser bewegt. Ist das etwa eine Gestalt, die übers Wasser zu ihnen kommt? Inmitten von diesem Unwetter? Das ist doch unmöglich. Aber doch, da ist jemand! Das macht den taffen Männern richtig Angst. Die Bibel sagt, sie wurden von Furcht gepackt: »Es ist ein Gespenst!«, rufen sie und schreien vor Angst (Matthäus 14,26; NGÜ).

Diese Leute hatten also nicht einfach nur Angst. Sie waren gepackt von Furcht. Das heißt, dass sie paralysiert waren, angespannt und verkrampft. Ihre Reaktion? Sie schreien. »Es ist ein Gespenst!« Kannst du dir vorstellen, wie elf Männer laut vor Angst schreien? Das muss richtig heftig gewesen sein.

Aber Jesus spricht sie sofort an: »Erschreckt nicht! Ich bin's. Ihr braucht euch nicht zu fürchten« (Vers 27; NGÜ). Jesus sieht diese Panik und seine therapeutische Seite reagiert sofort. Er will nicht, dass seine Freunde zu lange in dieser Anspannung blieben und dass sich dieser Moment zu einem Trauma entwickelt. Er gibt sich zu erkennen. Als sich die Situation auflöst, vergessen sie, wie Männer so sind, ihren Schrei sofort und entkrampfen sich. Sie beginnen sich zu schämen. Wie peinlich ist das, sich vor Jesus, ihrem Freund, so zu erschrecken – alles ist still. Aber gehen wir Schritt für Schritt durch die Geschichte …

»Petrus über Bord!«

Wenn dir jemand die Quizfrage gestellt hätte: Zwölf Apostel sitzen im Boot und sind ganz still, weil es ihnen peinlich ist, dass sie sich gerade so vor Jesus erschreckt haben – wer wird als Erster seine Sprache zurückhaben und irgendwas sagen? Was denkst du, was wäre dein Tipp?

Petrus! Genau. Petrus ist meistens die richtige Antwort auf so eine Frage. Natürlich Petrus! Er ist ja immer derjenige, der vorschnell regiert. Als Jesus den Jüngern erzählt, dass er nach Jerusalem gehen, leiden und sterben wird, nimmt Petrus ihn zur Seite. Die Szene habe ich ungefähr so vor Augen: Petrus legt den Arm um Jesus und zieht ihn zur Seite. Er versucht Jesus davon zu überzeugen, dass das nicht gut ist, wenn er solche Botschaften predigt. Und Jesus reagiert: »Satan, weiche hinter mich – du denkst menschlich!«[2] Wir wissen heute: Wenn Jesus diesen Weg ans Kreuz nicht gegangen wäre, hätten wir keine Sündenvergebung, keine Hoffnung, kein neues und ewiges Leben. Aber Petrus ging in diesem Moment von den für ihn logischen Umständen aus. Er dachte wohl, das muss irgendwie verhindert werden, und reagierte rein menschlich.

Oder als Jesus auf einen Berg wandert und drei der Apostel mitnimmt – neun Männer müssen unten bleiben. Diese Wanderung wird in die Geschichte eingehen als Begegnung auf dem Berg der Verklärung. Einer von den dreien zu sein, die dabei sind, das ist wie ein Hauptgewinn! Petrus darf mit auf den Berg, welche Ehre! Dort hat er einen dramatischen übernatürlichen Moment. Er sieht, wie Jesus in die Schechina-Herrlichkeit Gottes eintaucht. Gott richtet seinen Scheinwerfer auf Jesus – er ist weißer als Schnee. Und dann kommen auch noch Mose und Elia aus der Ewigkeit und gesellen sich dazu. Weißt du, was das für einen Juden bedeutet?

Der Messias in der Herrlichkeit Gottes.

Mose, der den ersten Bund geschlossen und die Zehn Gebote empfangen hat.

Elia, der größte Prophet, den es jemals im Judentum gegeben hat.

Für einen Juden gibt es nichts Größeres, als den Messias gemeinsam mit Mose zu sehen, der die Thora von Gott bekommen hat, und den größten Propheten Elia. Da gibt es keine Steigerung mehr für einen Juden. Also mehr geht einfach nicht. Das lässt sich nie wieder toppen. Und Petrus live dabei! Was löst so ein Erlebnis in ihm aus? Wenn mir das passieren würde, würde ich unmittelbar auf die Knie gehen, innerlich Gott anbeten und ihm danken, dabei zu sein. So einen heiligen Moment durchbricht man doch nicht mit Ideen! Anders Petrus. Er wird auch hier wieder sehr praktisch – oder menschlich – und schlägt vor, diesen Moment zu konservieren, indem er Hütten baut, für jeden der drei herrlichen Männer eine. Er denkt das nicht nur bei sich, sondern unterbricht den Moment und spricht Jesus an! Das Wort »fremdschämen« könnte in diesem Moment geboren worden sein.

Jemand wie Petrus geht einfach mal los, bricht einfach mal durch.

Jede Kirche, jede Kleingruppe, jedes Team hat einen solchen Petrus-Typ. Wir können dankbar sein, dass wir diese Leute haben! Denn es ist immer gut, jemanden zu haben, der von Natur aus initiativ und kühn genug ist, einfach mal loszugehen, durchzubrechen.

Zurück zur Szene im Sturm: Schreiende Männer in einem Boot, Gruselatmosphäre mit einem auf dem Wasser wandelnden

Gespenst und einer Stimme, die vertraut klingt und sagt: »Ich bin's! Hört auf, euch zu fürchten!« Seid ihr wieder drin?

Wer findet als Erster der Truppe seine Sprache wieder? Natürlich Petrus: »Herr, wenn du es bist, dann befiehl mir, auf dem Wasser zu dir zu kommen« (Vers 28; NGÜ).

Wieder typisch Petrus: Erst ist er wie alle anderen von Furcht gepackt und schreit. Als Jesus sich dann zu erkennen gibt, ist er dann ganz schnell auf einer anderen Spur: »Okay, also *wenn* du es bist…« Warum beginnt er seine Aussage mit einem Wenn? »Petrus, hast du nicht hingehört?«, will ich diesem Kerl zurufen. »Wenn Jesus etwas sagt, dann hinterfragt man das doch nicht. Du kannst doch nicht noch mal nach einer Absicherung verlangen!« Aber von Petrus lernen wir: Doch, man kann!

Hier springt meine theologisch-pädagogische Seite an. Was nützt es eigentlich, wenn da jemand auf dem Wasser gehen würde – und was nützt es Petrus? Werden dadurch hungernde Menschen gerettet? Werden neue Gemeinden gepflanzt? Kommen Menschen deshalb zum Glauben? Es sind doch nur die Jünger, die eh schon safe sind… Wenn ich bei solchen Gedanken stehen bleiben würde, wäre es schwer für mich, einen Sinn in der ganzen Aktion zu sehen. Es fängt schon damit an, warum Jesus eigentlich nachts im Sturm zu den Jüngern über den See läuft. Und es geht damit weiter, dass mein innerer Alman rufen möchte: »Stopp! Erlaube ihm das nicht! Das widerspricht allen wissenschaftlichen Fakten und allen Werten und Normen! Unterstütze doch nicht den Unsinn, den Petrus schon wieder im Kopf hat!«

Jesus denkt da komplett anders. Und das Drama nimmt seinen Lauf, möchte man ergänzen.

»Komm!«, sagte Jesus. Petrus stieg aus dem Boot und ging auf dem Wasser auf Jesus zu. Doch als er merkte, wie heftig der Sturm war, fürchtete er sich.

Er begann zu sinken. »Herr«, schrie er, »rette mich!« Sofort streckte Jesus seine Hand aus und hielt ihn fest. »Du Kleingläubiger«, sagte er, »warum hast du gezweifelt?« Dann stiegen beide ins Boot, und der Sturm legte sich. Und alle, die im Boot waren, warfen sich vor Jesus nieder und sagten: »Du bist wirklich Gottes Sohn.«
Matthäus 14,29-33

Eben, wussten wir doch, dass Wasser einen Menschen nicht trägt, das ist ein Naturgesetz. Aber es ist dringend nötig, nun die Augen aufzumachen und mit den Augen des Glaubens zu schauen, was hier passiert.

> Wasser kann Tragfähigkeit bekommen, wenn Jesus es sagt. Todesangst kann sich in Vertrauen verwandeln, wenn Jesus ruft.

Zwölf Männer sind im Boot. Elf nehmen es einfach so hin, dass Jesus über das Wasser läuft. Lassen sich nicht in Bewegung setzen. Sie finden es vielleicht auch ein bisschen selbstverständlich, denn Jesus kann alles. Wenn er will, verwandelt er auch Wasser in Wein. Nur einer – Petrus – reagiert anders: »Jesus läuft auf dem Wasser, das möchte ich auch!« Also wirft er Jesus einen Krümel hin. Und weil da ein Rest an Versicherungsbedarf in ihm bleibt, sagt er: »Jesus, wenn du es bist, dann sag doch ›Komm!‹.« Petrus setzt das übernatürliche Erlebnis in Beziehung zu sich selbst. Er lässt das Leben jenseits der Naturgesetze nicht bei Jesus. Nein, er merkt, dass es hier auch für ihn ein Laufen im Übernatürlichen geben kann. Er weiß intuitiv: »Jesus läuft auf Wasser. Ich bin sein Jünger. Dann mach ich es wie er.« Er investiert einen ersten Glaubensschritt, indem er in den Dialog eintritt. Er äußert sich!

Was war in dem Moment wohl in den Köpfen der anderen Männer los? Gedanken können ja ein starkes Eigenleben entwickeln und einfach so das Fließen anfangen. Und ich mache mal wieder von meiner Vorstellungskraft Gebrauch. Vielleicht überlegte Judas: »Sind wir eigentlich versichert? Wer bezahlt das, wenn das hier schiefgeht? Ist das schon ein Kollateralschaden? Ist die Beerdigung in unserem Ministry-Vertrag inkludiert?« Oder hat sich Jakobus über Petrus lustig gemacht: »Na, Petrus, wer den Mund zu schnell aufmacht, muss auch mit den Folgen rechnen. Kennst du dieses Blubb-blubb-blubb-Geräusch?« Philippus, der ehemalige Jünger von Johannes dem Täufer, freute sich vielleicht: »Endlich wird Petrus mal so richtig getauft – ganz unter Wasser. Das reinigt ihn nicht nur außen, sondern auch innen!« Sein Bruder Andreas grinste vielleicht bei dem Gedanken: »Ja, ja, Alter, jetzt zeig mal, wie du diese Suppe wieder auslöffelst, die du dir da gerade eingebrockt hast …« Einer machte sich vielleicht auch ernstlich Sorgen um den Freund und wollte Petrus abhalten, sich in diese selbstmordähnliche Situation zu begeben: »Bleib hier! Du spinnst wohl, dich da in diese Wellen zu begeben. Grade wären wir fast alle ertrunken, schon vergessen!?« Vielleicht hat einer der Jünger sogar schon den Rettungsring gesichert, um ihn im Falle des Falles sofort heldenhaft Petrus hinterher ins Wasser zu werfen.

Natürlich habe ich keine Ahnung, was in den Köpfen der elf Bootsitzer tatsächlich abging. Aber was klar ist: Es war nur einer dabei, der den Glauben investiert hat und alle Bedenken, allen Zynismus, alle inneren Sicherheitsgebote und jede menschliche Logik über Bord geworfen hat – bevor er selbst hinterherstieg. Es gab nur einen, der gesagt hat: »Ich mach's! Ich vertraue Jesus jetzt einfach. Ich will das selbst erleben!« Nur einer: Petrus.

Was gibt mir Sicherheit?

Glauben heißt: Während die meisten Leute Erklärungen bringen, Sinnhaftigkeit belegen und Undurchführbarkeit diskutieren, setzt einer schon den ersten Fuß auf das Wasser und geht.

Glauben heißt: Ich entscheide mich immer wieder dafür, nicht zu den Leuten zu gehören, die auf ihren Verstand vertrauen und alles kommentieren, sondern zu den Leuten, die auf das Wort von Jesus hin das unvorstellbar Übernatürliche wagen. Wie zum Beispiel, auf dem Wasser zu gehen. Natürlich kann man sich auch entscheiden, erst auf dem Wasser zu gehen, wenn schon ein anderer vorausgegangen ist und man sieht, dass es geht. Das ist die Gnade der Glaubenshelden vor uns: Niemand muss immer überall als Erster im Glauben durchbrechen. In vielen Bereichen können wir von all den »Petrussen« vor uns profitieren und einfach mitkommen.

Glauben heißt: Die meisten kommentieren, während einer geht!

Glauben heißt auch: Ich laufe lieber auf Wasser und benötige dann die Hilfe von Jesus, als immer im Boot zu bleiben. Da bin ich zwar auf der sicheren Seite, weil im Boot nichts schiefgehen kann. Wenn man aber etwas erleben will, was noch niemand erlebt hat, muss man etwas tun, das noch niemand getan hat.

Was Jesus mir immer wieder klarmacht, ist, dass im Boot sitzen zu bleiben bedeutet, Sicherheit daraus zu ziehen, was ich selbst kenne. An vielen Stellen können wir in Gottes Wort sehen, dass es in der Beziehung zu Gott darauf ankommt, *Gott* als einzige Sicherheit zu erleben. Eindrücklich finde ich die Aussage in den Sprüchen: »Verlass dich nicht auf deinen eigenen Verstand, sondern vertraue voll und ganz dem Herrn!« (Sprüche 3,5; HFA).

Wagst du es, deine Sicherheit zu verlassen, wenn Jesus zu dir gesprochen hat? Es fühlt sich doch immer sehr gut und viel sicherer an, wenn Jesus an einem Safe Place etwas Herausforderndes zu uns sagt. Während eines Events mit vielen anderen Christen zum Beispiel, bei einer Konferenz oder im Gottesdienst. In solchen Momenten ist man dann schnell voller Eifer und hat ein brennendes Herz. Man ist sonntags oft gerne innerlich bereit und dabei. Aber wie ist das dann am Mittwoch, wenn du dich in dem Sturm aus Kein-Bock-Laune, Menschenfurcht, Schlafmangel und dem lauten Ego befindest? Das ist der entscheidende Moment, auf den es ankommt. Im Anblick der Wellen müssen wir den Schritt aus der Sicherheit tun: Wenn deine brennende Überzeugung, auf Jesus' Reden hin alles zu wagen, immer noch so intensiv da ist, dann wirst du dich aufs Wasser wagen.

Jesus lässt Wasserläufer nicht ertrinken

Rechtzeitig, bevor Petrus untergeht, streckt Jesus ihm die Hand entgegen und zieht ihn aus dem Wasser. »Du Kleingläubiger!«, kann er sich nicht verkneifen. In meinen Augen ist jemand, der sich auf das Wasser traut, kein Kleingläubiger – er begibt sich doch in diese Situation, entgegen jeder Vernunft. Wenn das für Jesus Kleinglaube ist, was macht dann jemand mit großem Glauben?

> Kleinglaube heißt auf dem Wasser laufen und möglicherweise Hilfe brauchen.
> Kein Glaube heißt kommentieren.

Wie oft saß ich noch im Boot, während andere Christen aus dem Boot ausstiegen und ich kommentierte. Manchmal war mein Kommentar: »Hoffentlich saufen sie ab, dann habe ich eine gute Ausrede, warum ich im Boot geblieben bin.« Das sagt man so nicht öffentlich, das denkt man nur und verpackt es theologisch als Frage: »Wo steht es in der Bibel, dass Wasserläufer einen Nutzen für das Reich Gottes haben?«

Zu der Bootsitzer-Riege zu gehören, kann auch der Sorge entspringen, dass Jesus das womöglich noch zu einem selbst sagt: »Komm zu mir übers Wasser!« Dabei möchte man das Leben mit Jesus lieber selbst kontrollieren. Einfach aus dem Boot zu steigen und zu gehen wäre ein viel zu hoher Preis. Fürs Kommentieren braucht man keinen Glauben, man muss einfach nur reden: kleinreden, zerreden, totdiskutieren, Zweifel streuen, Unsicherheit säen. Ein kleiner Glaube lässt dich schon aus dem Boot steigen und das Risiko eingehen zu ertrinken. Kein Glaube ist risikofrei, du bleibst einfach sicher im Boot.

Ein Glaubensbeispiel von mir, als mich Jesus aufs Wasser gerufen hat: Ich hatte den Eindruck von Gott, dass wir ihm 20 Prozent von unserem Einkommen statt nur den Zehnten geben sollen. Das hat mich gechallenged! Aber ich ging gemeinsam mit meiner Frau diesen Schritt – wir wollten treu sein und gehen, wenn Gott redet. Okay. Dann kam die nächste Herausforderung: Gott redete zu uns, 30 Prozent zu geben, und auch das hat uns nicht in »Armut« geführt. Wir sind sehr gut versorgt! Gefühlt haben wir keinen Cent weniger, als wenn wir alle Einkünfte für uns nehmen würden. Mir ist es wichtig zu sagen: So hat Gott zu uns gesprochen. Es ist keine Richtschnur für alle, sondern eine ganz persönliche Glaubenssache zwischen meiner Frau und mir und Gott. Ich erzähle dir das, um zu zeigen: Jesus ruft uns auch heute noch aufs Wasser. In allen Bereichen, in denen wir denken, dass wir Sicherheit bekommen. Geld ist da vorne mit dabei.

Wenn du Gott gehört hast, wirst du niemals hundertprozentige Sicherheit haben, die alle Unwägbarkeiten wasserdicht klärt. Gott redet nicht vertragsdeutsch. Wenn Menschen behaupten, sie hätten eine hundertprozentige Klarheit, was Gott ganz genau meint, bin ich immer ein wenig skeptisch. Oft habe ich Gott gehört, wie er mich zu einem Glaubensschritt herausfordert, und ich bin dann auch gegangen. Aber ich war mir nie hundertprozentig sicher, dass ich ihn gehört habe oder dass er exakt diese Aktion meint. Wenn du auf hundertprozentige Sicherheit wartest, wirst du nie gehen. Glaube buchstabiert sich immer mit den Buchstaben R I S I K O. Ohne dass wir etwas zu verlieren haben, ist es kein Glauben.

> Glaube buchstabiert sich immer so: R I S I K O.

Petrus hatte seine Reputation zu verlieren, außerdem könnte seine Kleidung nass werden und – ja, genau – da war ja auch noch die Gefahr zu ertrinken! Er hat sein Leben investiert, um diese paar Schritte auf dem Wasser zu gehen.

Ein Leben im Glauben wird dich alles kosten. Es ist ein Prinzip der Nachfolge. Und es hat direkt damit zu tun, wen wir als Gegenüber haben: Jesus. Er hat den Maßstab gesetzt.

> Dann sagte Jesus zu den Jüngern: »Wer von euch mir nachfolgen will, muss sich selbst verleugnen und sein Kreuz auf sich nehmen und mir nachfolgen. Wer versucht, sein Leben zu behalten, wird es verlieren. Doch wer sein Leben für mich aufgibt, wird das wahre Leben finden.«
> *Matthäus 16,24-25*

Zu den Leuten, die Petrus darauf reduzieren, dass er gesunken ist und die Hilfe von Jesus in Anspruch nehmen musste, möchte ich nicht gehören. Dieser »kleingläubige« Mann ist ein paar Meter auf dem Wasser gelaufen, bevor er Unterstützung brauchte! Und das mitten in einem krassen Sturm und nur auf die Einladung von Jesus hin! Das begeistert mich total. Er war bereit, sein eigenes Leben zu verlieren. Sich mit den Augen des Glaubens ganz an Jesus zu hängen. Das finde ich absolut groß!

Als Kommentator sitzt man gemütlich im Boot. Von dort aus ist es ganz leicht, über die Leute zu reden, die etwas wagen. Darüber zu fachsimpeln, wie das theoretisch aussehen könnte, das eigene Leben zu verlieren, was Jesus damit gemeint haben könnte. Doch Glaube kommt vom Hören und hat Auswirkungen auf unser Tun. Zu wissen, dass der, der uns aufs Wasser ruft, selbst jedes Risiko eingegangen ist und sein eigenes Leben für die große Vision seines Vaters verloren hat, gibt uns Verbundenheit. Seinen Ruf zu hören, gibt uns Tatkraft. Die Liebe zu Jesus und der Fokus auf ihn geben uns Sicherheit. Neugierde treibt uns an. Glaube gibt uns den Mut.

2

Ich sehe was – und was siehst du?

Gott hat uns mit Augen unseres Herzens geschaffen! Ein Volk verwildert, wenn es an Vision mangelt (Hosea 4,6). Wir können etliche Beispiele in der Bibel finden, in denen Gott mit Menschen über Visionen kommuniziert, wo er ihnen Träume ins Herz legt, die den Lauf des gesamten Lebens völlig auf den Kopf stellen.

Immer wieder packt mich die Liste im Hebräerbrief von den Glaubenshelden. Da ist von Abel, Henoch und Noah die Rede. Und natürlich von Abraham, dem Urvater des Glaubens. Schau mal, was über die gesagt wird:

> All diese Menschen glaubten bis zu ihrem Tod, ohne erhalten zu haben, was Gott ihnen versprochen hatte. Doch sie sahen das, was ihnen zugesagt war, von Weitem und freuten sich darauf, denn sie hatten erkannt und bezeugt, dass sie hier auf der Erde nur Gäste und Fremde waren. Und sie bekannten damit, dass sie auf der Suche waren nach einem Land, das sie ihre Heimat nennen konnten. Hätten sie das Land gemeint, aus dem sie kamen, dann hätten sie einen Weg gefunden, dorthin zurückzukehren. Aber sie suchten nach einem besseren Ort, einer Heimat im Himmel. Deshalb schämt Gott sich nicht, ihr Gott genannt zu werden, denn er hat ihnen eine Stadt im Himmel gebaut.
> *Hebräer 11,13-16*

Krass, oder?

Wovon träumst du? Welche Vorstellung von der Zukunft zieht dich an? Was ersehnst du dir herbei? Welche Vision motiviert dich für dein Leben heute und ist stark genug, dass du auch einen Preis dafür zahlst, um sie Realität werden zu sehen?

Mehr noch: Kennst du die Kraft von Gottes Vision, die dein Leben in eine komplett andere Richtung lenken kann? Die Vision, die über dein Leben auf dieser Erde hinausgeht?

Natürlich können Träume Schäume sein, deshalb müssen sie geprüft werden. Nicht jeder Traum, den unser menschliches Herz so ausspuckt, ist von Gott. Manchmal sind es auch unsere eigenen Wünsche, die wir gern von Gott umsetzen lassen würden. Es gibt viele Träume, die nie wahr werden, weil sie schon in ihrer Entstehung nicht von Gott inspiriert sind. Das ist dann auch kein Verlust.

Während einer knapp budgetierten Pastorenkonferenz war ich in einer Art Bibelschul-WG mit anderen Männern untergebracht. Hätte da eine Frau Mäuschen gespielt, hätte sie sich vermutlich entschieden, für immer Single zu bleiben … Mir hat es damals nichts ausgemacht, ich war da hart im Nehmen!

Einer meiner Mitbewohner jedenfalls hatte einen Traum im Herz. Er wollte ein Typ wie Reinhard Bonnke werden. Bonnke – einer der bekanntesten deutschen Evangelisten, sein Hauptwirkungsgebiet Afrika. Bonnke verschickte damals Jahreskalender an seine Follower, die bis auf die Jahreszahl immer gleich aussahen: ein Foto mit einer Menschenmasse und ihm auf einer Bühne beim Predigen. Dieser Bibelschüler, mein Zimmergenosse, hat sich aus so einem Bonnke-Kalender eine Glaubenserinnerung gebastelt, denn er hatte ja seinen Traum: Er wollte auch die Massen erreichen, von einer Bühne predigen. Also klebte er einfach ein Foto von sich selbst auf das von Reinhard. Das war mal ein Glaube – oder doch nur Wunschtraum?

Welche Geschichte Gott mit ihm dann geschrieben hat, weiß ich nicht. Was ich aber weiß: Gott hat keinen Reinhard Bonnke aus ihm gemacht, das war damals schon abzusehen, denn den gab es ja schon. Ich erinnere mich nicht einmal mehr an seinen Namen und ich habe seitdem auch nichts mehr von ihm gehört. (Falls du dieses Buch liest, meld dich doch mal – ich würde echt gern wissen, was aus dir geworden ist!)

Abraham, die Sterne und der Sand

Manche Träume und Visionen sind von Gott inspiriert. Dem Vater des Glaubens, Abraham, hat Gott einen ganz bestimmten Traum ins Herz gelegt: Multiplikation.

> Ich, der Herr, schwöre bei mir selbst: »Weil du mir gehorsam warst und sogar deinen geliebten Sohn auf meinen Befehl hin geopfert hättest, werde ich dich reich segnen. Ich werde dir viele Nachkommen schenken. Sie sollen zahllos sein wie die Sterne am Himmel und wie der Sand am Ufer des Meeres. Sie werden ihre Feinde besiegen. Durch deine Nachkommen sollen alle Völker auf der Erde gesegnet sein, denn du hast mir gehorcht.«
> *1. Mose 22,16-18*

Gott schenkt Abraham den Traum, dass seine Nachkommen so zahlreich sein werden wie der Sand am Meer und wie die Sterne am Himmel. Abraham lebte in der Wüste, er war Beduine. Das Allererste, was er jeden Morgen sah, war SAND. Und wenn er abends sein Zelt verschloss, sah er STERNE. Wer schon mal in einer Wüste übernachtet hat, weiß, wie viele Sterne dort nachts am Himmel zu sehen sind, weil es keine Lichtverschmutzung gibt. Es ist absolut überwältigend!

Genauso mit dem Sand. Was für ein epischer Vergleich! Wie viel Sand man nach einem Strandspaziergang in den Schuhen hat und vielleicht sogar noch im Koffer mit nach Hause bringt! Vielleicht hat Abraham sogar Sternchen statt Schäfchen gezählt, wenn er mal nicht einschlafen konnte. Sand und Sterne waren seine Realität. Gott wollte ihm mit dieser Zusage deutlich machen, dass es Millionen und Abermillionen Nachkommen sein werden, die aus seinem Haus entstehen. Heute wissen wir, dass diese Verheißung zweifach ins Sichtbare gekommen ist: Es gibt ein Volk, das direkt von Abraham abstammt: die Juden. Sie haben ein Land auf einer Landkarte und eine Nationalflagge. Und es gibt die geistlichen Nachkommen Abrahams, die Kinder seines *Glaubens* sind.

> So heißt es in der Schrift: »Ich habe dich zum Vater vieler Völker gemacht.« Dies geschah, weil Abraham an den Gott glaubte, der die Toten zum Leben erweckt und ins Dasein ruft, was vorher nicht war. Als Gott Abraham versprach, dass er zum Vater vieler Völker werden würde, glaubte Abraham ihm und hielt an der Hoffnung fest, obwohl es hoffnungslos schien. Gott hatte ihm versprochen: »Deine Nachkommen werden so zahlreich sein wie die Sterne.« Doch Abrahams Glaube blieb unerschüttert, obwohl er wusste, dass er mit fast hundert Jahren viel zu alt war, um noch Vater zu werden, und seine Frau Sara keine Kinder mehr bekommen konnte. Abraham zweifelte nicht und vertraute auf die Zusage Gottes. Ja, sein Glaube wuchs sogar noch, und damit ehrte er Gott. Er war vollkommen überzeugt davon, dass Gott das, was er versprochen hat, auch tun kann. Und wegen dieses Glaubens erklärte Gott ihn für gerecht.
> *Römer 4,17-22*

Gott sagte zu Abraham: »Ich habe dich gesetzt …«, denn Gott lebt nicht in unserer Zeitrechnung. Er spricht zu uns in seiner Wahrheit, in der es schon existiert. Für uns ist es in Zukunft, für ihn, den Allmächtigen, ist es die Gegenwart.

Der Zeitpunkt ist entscheidend. Wann kam diese Zusage zu Abraham? Es war zu einer Zeit, als Abraham schon über 90 Jahre alt und noch ziemlich kinderlos war. Es war eine Zeit, in der im Sichtbaren noch rein gar nichts darauf hindeutete, dass da nach Abraham noch viele Generationen in den Startlöchern sitzen würden. Da war nicht mal *ein* Nachkomme da. *Niente*. Es war die Zeit für den Glauben!

> Was ist nun also der Glaube? Er ist das Vertrauen darauf, dass das, was wir hoffen, sich erfüllen wird, und die Überzeugung, dass das, was man nicht sieht, existiert.[3]

Gott weiß, dass wir für alles, was er uns zusagt, Erinnerungen brauchen – ganz sichtbar, anfassbar. Wir Menschen funktionieren so. Sand und Sterne waren ein Bild für Abraham, an die er täglich morgens und abends erinnert wurde. Dass Gott seine Vision mit einer ganz greifbaren Realität verbindet, finde ich ziemlich väterlich von ihm. Und jetzt kommt neben dem Bild vom Sand und den Sternen auch noch ein neuer Name dazu.

Als der Mann die Vision mit dem Sand und den Sternen bekommt, heißt er noch Abram. Abram bedeutet: »Der Vater ist erhaben.« Jetzt gibt Gott ihm den Namen Abraham. Der Name Abraham bedeutet: »Vater vieler Völker«. Ich kann mir den Ruf zum nächsten Mittagessen genau vorstellen: Sarai, deutsch »die Prinzessin«, selbst 90 Jahre alt – die jetzt übrigens Sara, deutsch »die Fürstin«, heißt –, ruft ihren Mann zum Essen. Sie brüllt über den

Zeltplatz: »Vater vieler Völker, das Essen ist fertig!« Die Teenager, die das mitbekommen, kichern und lachen. »Sie ruft den alten Sack ›Vater vieler Völker‹, der hat noch nicht mal ein Kind. Läuft bei ihr!« Und sie fragen Sara: »Ey, Oma, kann ich das haben, was du rauchst – das ist ja der Wahnsinn!«

Wenn du dir das mal im Gedankenkino durchspielst – nicht ohne, oder? Und dann zu wissen, was der Römerbrief sagt: Obwohl Abraham die sichtbare Realität komplett bewusst war, wählte er trotzdem, der Zusage Gottes zu vertrauen. Hammer!

So können wir Zusagen und Verheißungen für unser Leben prüfen:

- Erst mal: Gott wird reden. Eine Vision, die von ihm für dich ist, wird er dir auch in dein Herz hineinlegen. Du musst nicht krampfhaft selbst nach etwas suchen.
- Du weißt, dass ein Traum von Gott ist, wenn er allen Wahrscheinlichkeiten komplett widerspricht. Gottes Vision ist immer größer als das, was du dir selbst vorstellen kannst.
- Meistens kommt sie genau in einer Zeit, in der aus deiner Sicht alles dagegenspricht. Eine Zeit, in der du eben Glauben brauchst, um die Vision zu catchen.
- Dann wird Gott dir vielleicht auch ein Bild geben, das dich ständig daran erinnert, dass er dir eine Zusage gegeben hat. Gott gibt dir Bilder, um dich zu ermutigen und zu stärken für das, was er mit deinem Leben vorhat.

Welche Zusagen von Gott hast du – hast du dir das schon mal aufgeschrieben? Was erinnert dich an die Zusagen Gottes? Hast du von Gott eine Verknüpfung bekommen, so wie Abraham damals die Sterne und den Sand? Liest du diese Zusagen immer mal wieder und stellst fest, dass etwas davon eingetreten ist oder dass Gott mit dir auf einem guten Weg ist?

Du kannst dem Glauben, dass Gott das, was er dir ins Herz gesät hat, auch erfüllen wird, so aktiv Platz machen. Es ist eine gute Inspiration. Wenn du noch nichts aufgeschrieben hast, fang an damit: Siehst du deine Familie gerettet? Deine Kleingruppe wachsen? Einen neuen Job? Die Versorgung Gottes? Eine neue Gemeinde? Wachstum in deiner Gemeinde? Heilung?

Gott möchte nicht, dass du die Hoffnung verlierst. Die Hoffnung auf Erfüllung. Darauf, dass du sehen wirst, was die Vision ist. Ohne Hoffnung verlierst du auch die Substanz zum Leben. Niemand lebt nur davon, ein Dach über dem Kopf zu haben und in den Grundbedürfnissen versorgt zu sein. Ja, das ist äußerlich wichtig. Wir leben aber auch von der Hoffnung, dass unser Leben Bedeutung hat. Das ist innerlich wichtig. Und Gott weiß genau, welche Pläne er für uns gefasst hat: »Mein Plan ist, euch Heil zu geben und kein Leid. Ich gebe euch Zukunft und Hoffnung« (Jeremia 29,11).

Wir leben auch von der Hoffnung, dass unser Leben Bedeutung hat.

Jonathan und der Traum vom Sieg

Wir springen einige Jahrhunderte nach vorne. Inzwischen gibt es Nachkommen aus Abrahams Stamm. Noch nicht so viele wie die Sterne, aber immerhin …

Jonathan – Sohn von Saul, dem ersten König in Israel. Er ist gerade in einer schrecklichen Situation. Er und seine Leute werden von den Philistern bedrängt, die Philister sind in der Überzahl. Jonathan erlebt in seinem aktuellen Alltag viele Niederlagen, Druck und Widerstand. Die Philister haben eine voll ausgerüstete Armee mit mehr Männern, sie sind ohne Frage überlegen. Jonathan hat Angst.

Doch in Jonathans Herz lebt eine Vision. Er hegt den Traum, dass seine Feinde eines Tages besiegt und aus dem Land vertrieben sein werden. Wie das so ist: Was im Herzen Raum hat, davon geht der Mund über – wieder eine Weisheit der Sprüche. So steht Jonathan mit seinem Waffenträger eines Tages vor einer Anhöhe. Auf der Anhöhe stehen die Wächter der Philister. Wenn man von Kampfführung ein wenig Ahnung hat, weiß man, dass der, der oben ist, im Vorteil ist. Von oben kann man schubsen, hat eine größere Schubkraft, die Schwerkraft ist auf deiner Seite. Wenn man noch auf einer Mauer steht, kann man zum Beispiel heißes Öl runtergießen und viele andere Sachen auf die Angreifer werfen. Oben ist die Poolposition – unten ist die Position der Loser.

Jonathan steht unten. Aber er trägt seine Vision im Herzen.

Er denkt vielleicht so etwas wie: »Jetzt werde ich Gott herausfordern«, und zu seinem Waffenträger sagt er laut: »Wir erwarten jetzt ein Zeichen von Gott. Wir werden die Philister beschimpfen, und wenn sie sagen: ›Kommt mal her, wir zeigen es euch‹, dann ist das das Zeichen, dass Gott mit uns ist.«[4] Wie abgefahren ist das denn? Natürlich werden die Philister sagen: »Komm her, wir zeigen es euch« – sie sind ja schließlich im Vorteil. Das ist so, wie wenn ich aus einer Laune heraus in die Fußgängerzone gehen und laut brüllen würde: »Jesus ist der Herr!«, und davon ausginge, wenn jemand zurückbrüllt: »Und du bist bekloppt!«, dass das ein Zeichen Gottes für Erweckung in dieser Stadt wäre.

Jonathan kann so zuversichtlich sein, weil er schon lange in seinem Herzen davon geträumt hat, die Philister zu vermöbeln, und nur noch auf den Moment wartet, in dem er diese Vision umsetzen konnte. Und: Er hat einen treuen Freund, der bei dieser Vision mit ihm steht und den Risikoschritt mitgeht. Der Waffenträger ist *all in.*

Das darf man nicht unterschätzen, wie viel Drive das bringt, wenn man nicht alleine mit einer Vision steht! Jeder von uns braucht so einen »Waffenträger«, der einen ermutigt, Schritte im Vertrauen auf Gott ins Risiko hineinzugehen. Solche »Waffenträger« können Väter und Mütter im Glauben, Mentoren oder Coaches, Kleingruppen- und Hauskreisleiter sein. Aber auch deine Mitstreiter, deine Geschwister im Glauben.

Sehen, was noch nicht ist

Es gibt so viele junge Menschen in unserem Land, die dazu berufen sind, im Königreich Gottes in völlig neues Land durchzubrechen. Die berufen sind, Feinde unter die Füße zu nehmen, die die Generationen bisher noch in Furcht und Schrecken versetzt haben. Leute, die berufen sind, kühne Glaubensaussagen zu machen, auch wenn sie eigentlich unterlegen scheinen. Diese jungen Leute brauchen Menschen, die sie ermutigen. Es braucht Menschen, die nicht rumheulen oder alte Wunden lecken.

Möchtest du ein Ermutiger sein? Jemand, der Menschen anfeuert, dass sie im Glauben kühne Schritte tun und furchtlos gegen alte Feinde aufstehen? Sehnst du dich danach, dass die Kraft von Gottes Königreich in unserem Land wieder sichtbar wird? Dann wirf mal einen Blick in deine Umgebung: Da sind sicher Leute, die in ihrem Herzen solche Träume haben – vielleicht, dass sie eine Gemeinde bauen wollen, die einen Unterschied macht. Eine Gemeinde, die Relevanz hat. Eine Gemeinde, in der es normal ist, dass Menschen Jesus Christus kennenlernen und ihr Leben eine neue Richtung nimmt. Es braucht Leute, die sie bestärken und ermutigen, wenn sie von allen anderen gesagt bekommen, dass so etwas in unserer Zeit sowieso gegen alle Trends spricht. Es braucht Menschen, die wissen, dass dieser (interne) Gegenwind ein Zeichen Gottes ist, und die sie darin bestärken, ihren Traum umzusetzen.

Die Tage saß ich mit einem Pastor zusammen, der mich inspiriert hat. Er sagte: »Ich komm aus der Drogenszene, aus einem Aussiedlerhintergrund, Kriminalität und Ablehnung. Wir haben uns immer in einem alten unbewohnten Haus getroffen, um Drogen zu nehmen. Eines Tages hat Jesus mich aus diesem Lebensstil herausgezogen – ich habe mich für Jesus entschieden, mich von meinen Freunden getrennt und bin in eine Gemeinde gegangen. Dann hat Gott mich als Pastor berufen und jedes Mal, wenn ich an unserem alten Haus vorbeikam, passierte etwas Dramatisches in meinem Herzen. Denn einer meiner Kumpel hat genau in diesem Gebäude jemanden getötet.« Das ist ihm so nahegegangen, weil es seine Freunde waren, die dort schlimme Dinge getan und erlebt haben. Immer wenn er an diesem Haus vorbeifuhr, betete er und bat Gott, die Geschichte für dieses Haus neu zu schreiben: Anstatt Tod sollte dort Leben herrschen! Das, was er direkt vor Augen hatte, was greifbar war, erinnerte ihn: »Hier ist Tod.« Doch sein Herz zeigte ihm, was im Unsichtbaren möglich sein würde. Durch sein Gebet gab Gott ihm eine Vision in sein Herz, die weit über den Istzustand hinausging. Eine Vision, die eindeutig alles sprengte, was dieser bekehrte Ex-Junkie selbst hätte realisieren können. Es entstand in ihm ein Glaube, der sagte: »Hier ist Leben!«

Im Sichtbaren ist Tod. Der Glaube sagt: Hier ist Leben!

Er fuhr fort: »Heute bin ich so froh, dass sich mittlerweile in genau diesem Haus eine Gruppe von Christen trifft, um die Bibel zu lesen. Sie laufen in dem Vertrauen, dass genau an diesem Ort eine lebendige Gemeinde entsteht.« Remember? Glaube ist das *Vertrauen* darauf, dass das, was wir hoffen, sich erfüllen wird, und die Überzeugung, dass das, *was man nicht sieht, existiert.*[5]

Viele von uns haben in ihrem Herzen einen Traum, eine Vision. Doch alle sichtbaren Umstände sagen, dass es niemals so sein kann. Deshalb setzen wir uns nicht in Bewegung und vergessen dann mit der Zeit, was Gott uns gezeigt hat. Mein Beispiel ist ein Gemeindegründungsbeispiel, aber es betrifft auch alle anderen Bereiche in unserem Leben. Denn das Königreich Gottes will in allen Lebensbereichen durchbrechen.

Gott redet immer so, als wenn das Neue schon da wäre. Er kennt natürlich die Schöpferkraft von seinem eigenen Wort: Kein Wort, das aus seinem Mund kommt, bleibt einfach ein leeres Wort. Es wird genau das tun, was der Inhalt von dem Wort ist (Jesaja 55,11). »Gesagt, getan« – bei Gott zu hundert Prozent Realität. Er ist der Gott, »der die Toten lebendig macht und ruft das, was nicht ist, dass es sei« (Römer 14,17).

Deshalb: Halte deinen Glauben lebendig! Gib nicht auf. Halte an der Überzeugung fest, dass jedes Wort, das Gott redet, früher oder später auch sichtbar werden wird. Der Tag kommt, an dem alle sehen werden, was du bereits in deinem Herzen trägst und was Gottes Gegenwart in deiner Vergangenheit war.

Und ich rate uns: Lasst uns damit anfangen, die Träume Gottes, die er in die Herzen von Abrahams, Jonathans und wie sie alle heißen, hineinsät, ins Sichtbare zu rufen.

3

Größer als dein Leben

Das, was Gott dir als Vision geben wird, wird er nie nur allein durch dich tun. Gott ist ein Gott der Generationen.

Gott sagte zu Abraham: »Ich mache dich zu einem Vater vieler Völker!« Abraham hatte aber nur einen Sohn, Isaak. Dieser eine Sohn ist noch nicht mal *ein* Volk! Aber Gott versprach *viele* Völker. Bis eine Generation heranwächst und sich wieder multipliziert und nach und nach ein Volk entsteht und daraus so viele werden, dass ein nächstes Volk entsteht – das braucht länger als die Lebenszeit von einem Mann. Die Verheißung Gottes war viel größer als die kurze Dauer, die Abraham, für den die Verheißung ausgesprochen wurde, auf dieser Erde gelebt hat, um sie in Erfüllung kommen zu sehen. Wie sollte das also gehen?

Nach Abraham kam Isaak, Gründer der zweiten Generation, für die nächste, die dritte Generation waren Jakob und Esau am Start – auch eine heiße Story. Esau verkaufte sein Recht, die Erblinie weiterzuführen, gründete aber trotzdem ein Volk, die Edomiter. Jakob hatte zwölf Söhne, die vierte Generation nach Abraham. Die, die die Urväter der zwölf Stämme Israels wurden. Jetzt erst – in der vierten Generation – erfüllt sich die Verheißung Gottes: Völker entstehen. Abraham selbst hatte einen bestimmten Anteil für seine Lebenszeit. Die Verheißung Gottes setzte einen Prozess in Gang, der das Leben von vielen weiteren Männern und Frauen prägte, ihnen Orientierung, Vision und Bedeutung gab.

Von Aufträgen, die niemand allein erfüllen kann

Wir finden das regelmäßig in den Berufungsgeschichten, die uns die Bibel erzählt: Gott gibt Aufträge, die für den einen Menschen, der Gott gerade reden hört, viel zu groß sind. Schauen wir uns ein paar solcher Aufträge an, die mich inspiriert haben. Starten wir mit Elia, dem Propheten:

> Da sprach der Herr zu ihm: »Geh zurück auf dem Weg, den du gekommen bist, durch die Wüste nach Damaskus. Wenn du dort bist, salbe Hasaël zum König von Aram. Dann salbe Jehu, den Sohn Nimschis, zum König von Israel, und salbe Elisa, den Sohn Schafats aus Abel-Mehola, an deiner Stelle zum Propheten. Wer Hasaël entkommt, den wird Jehu töten, und wer Jehu entkommt, den wird Elisa umbringen! Doch 7 000 Menschen in Israel will ich verschonen: alle, die sich nie vor Baal niedergeworfen und ihn geküsst haben.«
> Danach verließ Elia den Berg und fand Elisa, den Sohn Schafats. Er war gerade dabei, mit zwölf Paar Rindern zu pflügen; er selbst folgte dem zwölften Paar. Elia trat zu ihm hin und legte ihm seinen Mantel um die Schultern. Da ließ Elisa die Rinder stehen, lief hinter Elia her und bat ihn: »Lass mich noch meinen Vater und meine Mutter umarmen, dann will ich mit dir gehen!« Elia antwortete: »Geh nur zurück! Aber vergiss nicht, was ich mit dir gemacht habe.« Elisa wandte sich von ihm ab und nahm ein Paar Rinder. Er schlachtete sie, machte ein Feuer mit dem Pflug und briet die Rinder darauf. Das Fleisch brachte er seinen Leuten, und sie aßen davon. Dann stand er auf, ging mit Elia und wurde sein Diener.
> *1. Könige 19,15-21*

Elia bekommt drei Aufträge:

- Geh nach Damaskus und salbe Hasaël zum König über Aram.

- Salbe Jehu, den Sohn Nimschis, zum König über Israel.
- Berufe Elisa als deinen Nachfolger.

Drei klare Aufträge. Wenn man aber aufmerksam weiterliest, stellt man fest: Elia salbte Jehu niemals zum König von Israel. Elia übergab diesen Auftrag an seinen Nachfolger Elisa, der diesen Auftrag zwar in seinem Herzen behielt, ihn aber auch nicht durchführte, sondern wiederum an seinen Nachfolger weitergab:

> Inzwischen hatte der Prophet Elisa einen der Prophetenschüler rufen lassen. »Geh nach Ramot in Gilead«, befahl er ihm. »Nimm dieses Fläschchen Öl mit und wenn du angekommen bist, suche Jehu, den Sohn Joschafats und Enkel Nimschis. Lass ihn allein in einen abgeschiedenen Raum rufen, ohne seine Freunde, und gieße ihm das Öl aus dem Fläschchen über den Kopf. Sage zu ihm: ›So spricht der Herr: Ich salbe dich zum König über Israel.‹ Dann öffne die Tür und lauf um dein Leben!«
> Der Prophetenschüler ging nach Ramot in Gilead. Als er dort ankam, saßen die Truppenführer beisammen. »Ich habe eine Botschaft für dich, Hauptmann«, sagte er. »Für wen von uns?«, fragte Jehu. »Für dich, Hauptmann«, antwortete er. Da stand Jehu auf und ging mit ihm ins Haus. Dort goss der Prophetenschüler ihm das Öl über den Kopf und sagte: »So spricht der Herr, der Gott Israels: ›Ich salbe dich zum König über Israel, das Volk des Herrn.‹«
> *2. Könige 9,1-6*

Wie krass. Der Auftrag geht an Elia und erst ein »Enkeljünger« führt ihn praktisch aus. Dass Elia diesen Auftrag vergessen hat, glaube ich nicht. Gott gibt manchmal Aufträge, die so groß sind, dass sie auch noch für (geistliche) Kinder und Enkelkinder gelten.

Die Vision für alle, die Gott beruft, muss größer sein als ihr eigenes Leben. Denn wenn der Auftrag Gottes nicht groß genug ist, dass er in die nächste Generation reicht, ist er viel zu klein für einen göttlichen Auftrag. Wenn ich zum Beispiel alles selbst erledigen müsste, was Gott mir gezeigt hat, bräuchte ich mindestens drei Leben.

Ein anderes Beispiel für einen göttlichen Auftrag ist der, den Jesus seinen Jüngern gegeben hat, bevor er in den Himmel zurückging: »Geht in die ganze Welt und verkündet allen Menschen die gute Botschaft« (Markus 16,15). Allen Menschen! In einer anderen Übersetzung steht hier »aller Schöpfung« – das konnte die kleine Jüngertruppe sicher nicht zu ihren Lebzeiten voll erfüllen! Aber sie konnten die Vision ernst nehmen und damit beginnen, einen Weg des Glaubens zu bahnen. Heute, über 2000 Jahre später, gibt es immer noch Menschen, die eine brennende Leidenschaft für diesen Auftrag spüren.

> Wenn der Auftrag Gottes nicht groß genug ist, dass er in die nächste Generation reicht, ist er viel zu klein für einen göttlichen Auftrag.

Ein Auftrag Gottes gilt nie nur für eine Generation, sondern immer auch für alle zukünftigen. Ein Auftrag Gottes ist langfristig angelegt. Nachfolger, die in die nächste Generation investieren und sich nicht nur um die eigene Berufung drehen, werden Auswirkungen auf etliche nachfolgende Generationen haben. Einen Auftrag nicht selbst zu erfüllen, sondern dafür zu sorgen, dass er auch von den folgenden Generationen erfüllt werden kann, hat mit guter Leiterschaft zu tun. Den Stab in dem Wissen weiterzureichen, dass man nie allein läuft, kennzeichnet ein Herz, das demütig erkannt hat: »Gottes Pläne reichen über mich, meine Gaben und Fähigkeiten und selbst meine Lebenszeit hinaus. Denn Gott ist ein Gott der Generationen.«

Bei Olympia zählt ein Staffellauf viermal einhundert, viermal zweihundert oder sogar viermal vierhundert Meter. Das mag ich. Damit kann ich mich identifizieren: Ich selbst schaffe es nicht, weiter als vierhundert Meter zu laufen, dafür reicht meine Kondition nicht. Wenn ich in der Staffel also meinen Lauf so gut laufe, dass ich der Schnellste bin und meinen Abschnitt gewinne, ich meinen Staffelstab aber nicht weitergebe, dann werde ich den Lauf verlieren, obwohl ich selbst der Schnellste war. Es gibt Nachfolger, die ihren Lauf hervorragend laufen, die brillant ihren Dienst ausrichten, die als Sieger ihrer eigenen Etappe über die Ziellinie laufen – aber den Gott der Generationen nicht kennen. Es ist eines der zentralen Anliegen von Gott, dass sein Reden von Vätern zu Söhnen, von Müttern zu Töchtern weitergeht. Wenn wir das vergessen, enden wir in dem Moment, in dem wir glauben über die Ziellinie gelaufen zu sein. Dabei geht der Lauf noch weiter. Gibt man den Stab weiter, bekommen am Ende vier Läufer Gold. So nachzufolgen, dass ich nur für die eigene Beziehung zwischen mir und Gott lebe, kann bedeuten, dass ich am Ende gar nichts bekomme. Ich würde sogar so weit gehen, zu sagen: Immer nur mein eigenes Ding zu machen und nur für heute zu planen – das ist Unglaube.

Immer nur mein eigenes Ding zu machen und nur für heute zu planen – das ist Unglaube.

Glauben heißt, in die nächste Generation zu investieren, sich selbst zu multiplizieren und das weiterzugeben, was man von Gott gehört und bekommen hat. Es kann sogar heißen, dass man einen Auftrag Gottes, den man klar gehört hat, nicht sichtbar umsetzt. Sondern erst mal nur den Part übernimmt, das Reden Gottes zu hören und im Inneren einen Glaubensraum dafür zu öffnen.

Der Geist Elias und die nächste Generation

Okay. Wenn wir Nachfolge so leben, dann heißt das automatisch, dass wir in der Nachfolge nah mit Menschen laufen werden, die viel jünger und viel älter sind als wir selbst. Merkst du das? Das kann schon ein Problem werden. Da gibt es schon sehr große Unterschiede bei den Vorlieben, bei den Themen, die jeder wichtig findet, beim Lebenskontext und den Erfahrungen, die man mitbekommen hat. Man muss nur an die verschiedenen Anbetungsstile und Musikgeschmäcker denken ... und das ist wahrscheinlich noch ein einfacheres Thema beim Miteinander der Generationen! Ich stelle mal diese These in den Raum:

> Man muss nicht einer Meinung sein, um Einheit zu leben. Es genügt, dass wir Gott als den kennen, der uns alle durch seinen Geist eins macht.

Bei uns in der Kirche beobachte ich, dass die jüngere Generation mit allem, was Nachfolge angeht, viel früher dran ist, als ich es damals war, als ich loslegte, im Glauben zu leben. Die Kids geben heute von ihrem Taschengeld schon etwas in die Kirche – unterstützen die Patenkinder ihrer Kindergruppe. Die Jugendlichen übernehmen Verantwortung für andere und im Gesamten: Sie helfen schon früh in der Kinderkirche und leiten dort Kleingruppen, mit der Technik kennen sie sich sowieso viel besser aus als meinesgleichen. Wenn diese Jugendlichen mit zwanzig junge Erwachsene sind, haben sie bereits zwanzig Jahre Gemeindeerfahrung. Sie sind es gewohnt, regelmäßig in Gottesdienste zu gehen, ihr Geld zu investieren und mitzuarbeiten. Sie wissen, was es heißt, Teil einer Community zu sein.

Junge Erwachsene, die auf diese Art schon früh im Staffellauf mitgelaufen sind, sind sehr wertvoll für eine Kirche. Kommt ein Erwachsener mit vierzig zum Glauben, dauert es meistens eine ganze Weile, bis er bzw. sie im Staffellauf der Nachfolge in die Spur kommt. Da gibt es jede Menge Hürden zu überwinden. Natürlich hilft der Heilige Geist – aber siehst du meinen Punkt? Ein Neugläubiger beginnt bei null und muss erst lernen, sich ganz in die Generationenlinien im Leib von Jesus einzugliedern und seinen eigenen Platz in der Kirche einzunehmen.

Wenn ich in eine Kirche komme, in der ich mich jung fühle, macht es mich unglücklich, weil ich weiß: Wir haben ein Problem. Fühle ich mich in einer Kirche aber eher alt, preise ich meinen Gott! Denn Kirche ist nicht für mich. Ich kenne Jesus schon über dreißig Jahre – Kirche ist für die nächste Generation! Ja, ich trage Verantwortung, ich bin der Trainer. Und wenn alles schiefläuft, schmeißt man mich auch raus. Aber ich setze mein Vertrauen in die junge Generation.

Mit welchem Blick schaust du auf die Generationen – die Staffelläufer –, die vor dir herlaufen, und auf die, die nach dir kommen? Siehst du, dass die nächsten Leiter schon alle da sind? Die Apostel, Propheten, Evangelisten, Hirten und Lehrer – sie sitzen bereits in der Kinder- und Jugendkirche in den Startlöchern. Wenn Kinder für dich nur Kinder sind, ist das genau dein Problem. Bitte Gott, dass er dir seinen Blick auf sie schenkt. Für ihn sind Kinder Apostel, Missionare, Evangelisten, Krankenschwestern, Geschäftsleute, Musiker, Architekten, Politiker, Mütter und Väter in seinem Reich. Sie sind nur ein paar Jahre entfernt von ihrer Berufung. Und sie sind schon jetzt Teil von der Geschichte, die Gott über Generationen schreibt. Wenn du nicht in Kinder investieren willst, dann verpasst du die

Chance, in deine Zukunft zu investieren. Neben Sünde und Irrlehre gehen Kirchen auch daran zugrunde, weil der Staffelstab zu spät oder gar nicht übergeben wird. Unsere Kinder sollten aus diesem Grund so früh wie möglich mit dem Heiligen Geist erfüllt werden und eines ihrer »Hobbys« sollte die Kirche sein.

Elia, von dem ich schon vorher gesprochen habe, gab seine Aufträge an die Nachfolger weiter. Er reichte am Ende seines Lebens seinen Salbungsmantel an Elisa weiter. Elisa nahm ihn auf und empfing so das Doppelte der Salbung, die Elia hatte. Stark, oder?

Es geht noch einen Schritt weiter. Die letzte Prophetie im Alten Testament spricht davon, dass Elia noch mal kommen wird, zu einem ganz bestimmten Zweck:

> Doch bevor der große und schreckliche Tag des Herrn kommt, sende ich euch den Propheten Elia. Er wird die Herzen der Väter ihren Kindern und die Herzen der Kinder ihren Vätern zuwenden, damit ich bei meinem Kommen nicht das Land vernichten muss.
> *Maleachi 3,23-24*

Gott verspricht uns hier konkrete Hilfe dabei, dass die Generationen im Staffellauf der Nachfolge in ihre Spuren kommen. Dass die Herzen zwischen den Generationen sich einander zuwenden können.

Ein paar konkrete Punkte dazu: So können wir die nächste Generation in ihrem Lauf stärken und sie vorbereiten, den Staffelstab aufzunehmen, wenn es so weit ist:

- Nervt Kids und Teens nicht wegen Kleidung und Musik. Liebt sie genau deshalb, weil sie nicht dasselbe machen wie wir.
- Betet für die nächsten Generationen und gebt ihnen eine Plattform, um sich zu entfalten.

- Seid gute (geistliche) Väter und gute (geistliche) Mütter und redet eure Kinder stark, statt sie kleinzuhalten. Glaubt an sie, denn Gott glaubt auch an sie, sprecht Positives über ihnen aus.
- Achtet auf die Reifeprozesse der nächsten Generation. Junge Menschen, die in der Nachfolge geübt und im Charakter gut gefestigt sind, sollten wir in Verantwortung führen. Es ist wichtig, dass wir nicht ihr Alter, ihre Äußerlichkeiten oder ihre Eigenart als Beurteilungskriterium hernehmen, sondern ihre Bewährung sehen.
- Lasst uns lernen, Kinder zu sehen, wie Jesus sie sieht! Es ist eine Ehre für uns alle, dass wir sie auf ihrem Weg begleiten dürfen. Es ist unsere Berufung, über unser eigenes Leben hinauszudenken.

Wir brauchen die Augensalbe Gottes – prophetisches Erkennen –, um zu sehen, was in diesen jungen Menschen liegt. Lasst uns »Waffenträger« werden. Lasst uns im Glauben aussprechen, was Gott uns zeigt, und es fördern. Einfache Worte im Heiligen Geist verändern Lebensläufe, bringen Menschen in die Spur der Nachfolge. Sei mutig und stark und geh den ersten Schritt.

Glauben heißt Bäume pflanzen und Frucht erwarten

Über diese Stelle aus Psalm 103 habe ich lange meditiert: »Er hat seine Wege Mose wissen lassen, die Kinder Israel sein Tun« (Psalm 103,7; LUT).

Ich habe mich gefragt, was Gott damit sagen will. Es gibt offensichtlich einen Unterschied zwischen den *Wegen* und dem *Tun* Gottes – das eine zeigt er Mose, das andere den Kindern Israels.

Warum macht Gott diesen Unterschied? Warum hat er Mose nicht auch das Tun gegeben? Darüber habe ich gebrütet, das wollte ich herausfinden. Meine jetzigen Erkenntnisse, die ich hier mit dir teile, sind sicherlich nicht der Weisheit letzter Grund, aber Goldstücke auf meinem Weg.

Die Israeliten wollten aus der Sklaverei kommen, sie suchten Gottes *Tun*.

Mose sah das verheißene Land: Er suchte *Wege*.

Es ist ein geistliches Prinzip, dass wir finden, was wir suchen. Je nach Position suchen Menschen unterschiedliche Dinge.

Menschen, die eine Position in einer Gemeinde oder Kirche haben – mitten im Volk –, wollen zuerst ihre Probleme loswerden, sie suchen zu Recht Gottes Tun. Leiter müssen einen Ort bauen, an dem Menschen dauerhaft getragen und gepflanzt werden. Dafür brauchen sie die Sicht auf Gottes Wege.

Menschen, die Jesus nachfolgen, wollen Missionseinsätze – um jetzt auf der Straße Gottes Handeln zu erleben. Leiter wie Mose bauen Gemeinde, damit es für alle, die durch den Missionseinsatz Jesus kennenlernen, ein dauerhaftes Gefäß gibt, in dem sie permanent als Teil von dem Volk Gottes ihren Platz finden können.

Gläubige Menschen suchen übernatürliche Begegnungen auf Konferenzen – sie suchen Gottes Tun für sich selbst. Es ist großartig, wenn Gott eingreift! Es gibt so viele Nöte auf dieser Welt! Gott möchte seine Leute aber in eine verbindliche, lokale Gemeinschaft – in seinen Leib – hineinpflanzen. So werden nachhaltige Versorgungswege für sie gebaut. Verbindliche Beziehungen, in denen man füreinander da ist, in guten und in schlechten Zeiten. Und in denen man gemeinsam glaubt, dass Gott für jeden einen großartigen Platz als Teil vom Gesamten vorbereitet hat. Leute, die Gottes übernatürliche Wege suchen und gehen. Kontinuicrlich – nicht nur auf Konferenzen.

Wir brauchen beides – das Tun und die Wege. Es braucht beides: Leiter wie Mose und den gesamten Leib, der dem Ruf folgt. Wenn wir aber bei Gottes momentanem Tun stehen bleiben, können wir seine Wege verpassen.

Kann es sein, dass wir oft Mangel erleben, weil wir auf Gottes Tun warten und nicht seine Wege sehen wollen? Wir dürfen deshalb nicht nur einzelne Missionseinsätze oder einzelne Gebetszeiten haben. Um Gottes Wege zu erkennen, müssen Gemeinden gebaut werden, in denen ständig Mission gelebt wird. Leiter müssen dafür sorgen, dass Menschen zugerüstet sind, ständig zu beten, Gottes Wort in ihr eigenes Leben und das anderer hineinzusprechen und es zu halten, prophetisch ins Leben zu sprechen, damit Menschen nicht von Event zu Event gehen müssen, sondern anfangen, Gottes Wege in ihren Alltag einzubauen. Das ist es, was die Welt verändert.

Gottes Wege zu suchen, bedeutet nicht, dass wir nur auf sofortige Ergebnisse abzielen. Es heißt, dass wir Wege bahnen, damit auch andere Menschen Ergebnisse erzielen können. Gottes Wege zu kennen, heißt: Wir rechnen den Faktor Zeit mit ein.

Ein berühmter jüdischer Beter mit Namen Honi traf einmal jemanden, der gerade einen Brotbaum pflanzte.[6] Honi fragte den Mann: »Wann wird der Baum Früchte tragen? Weißt du, ob du die Früchte noch isst?«

»Nein«, sagte der Mann, »das kann noch zwanzig Jahre dauern.«

»Aber das ist doch dumm«, bemerkte Honi.

»Nein«, entgegnete der Mann, »ich esse die Früchte der Bäume, die meine Väter und Großväter für mich gepflanzt haben, und deshalb pflanze ich für meine Kinder und Enkel, die es dann genießen dürfen.«

Das ist langfristiges Denken. So sprechen Menschen, die gelernt haben, über ihr eigenes Leben hinauszudenken, weil sie wissen, dass Gottes Vision größer ist als ihr eigenes Leben. Menschen, die erfahren haben, dass Glauben heißt, auf die Frucht warten zu können und gleichzeitig schon heute zu tun, was nötig ist, dass Frucht kommt. Menschen, die sein Tun und seine Wege suchen.

Was bist du Gott schuldig?

Paulus, für mich der größte Völkerapostel aller Zeiten, war motiviert, so ein vorbereitendes Leben zu führen. Er war bereit, sein eigenes Leben im Glauben an spätere Frucht so einzusetzen, dass überall Samen des Evangeliums in Menschen hineingesät wurden. Seine Motivation dazu finden wir im Römerbrief:

> Denn ich fühle mich sowohl den Menschen in unserer Kultur wie auch denen anderer Völker, Gebildeten wie Ungebildeten, verpflichtet. Deshalb wünsche ich mir, auch zu euch nach Rom zu kommen, um euch Gottes gute Botschaft zu verkünden. Denn ich schäme mich nicht für die gute Botschaft von Christus. Diese Botschaft ist die Kraft Gottes, die jeden rettet, der glaubt – die Juden zuerst, aber auch alle anderen Menschen.
> *Römer 1,14-16*

In einer anderen Übersetzung steht hier: »Sowohl Griechen als auch Nichtgriechen, sowohl Weisen als auch Unverständigen bin ich ein Schuldner …« (ELB). Was ist denn ein Schuldner? Eine einfache Definition erklärt einen »Schuldner« als eine natürliche oder juristische Person, die aus einem vertraglichen oder gesetzlichen Schuldverhältnis eine Leistungspflicht trifft.[7]

Paulus sagt, dass er Juden und Griechen etwas schuldet, nämlich das Recht, von ihm das Evangelium zu hören. Deshalb ist er immer willig und bereit, weil er sich selbst als Schuldner sieht.

Deshalb hat er sein ganzes Leben dem verschrieben, das Evangelium allen Menschen, den gebildeten und ungebildeten, zu verkünden.

Wie kommt Paulus darauf? Ist das nicht beklemmend? Hat uns Jesus nicht extra in die Freiheit geführt, dass wir niemandem mehr etwas schuldig sind? Im Brief an die Galater gibt er eine Antwort:

> Ich lebe, aber nicht mehr ich selbst, sondern Christus lebt in mir. Ich lebe also mein Leben in diesem irdischen Körper im Glauben an den Sohn Gottes, der mich geliebt und sich selbst für mich geopfert hat.
> *Galater 2,20*

Paulus verpflichtet sich den Menschen, weil er sich zuerst Jesus verpflichtet weiß. Er lebt nicht mehr für sich selbst, sondern Jesus Christus lebt in ihm und durch ihn. Er lebt »im Glauben«. Das hat Auswirkungen auf Pläne, Ziele, Befähigung und alle Lebensbereiche. Er lebt mit allem, was er ist, in dem Auftrag, den Gott ihm nach der spektakulären Wende seines Lebens gegeben hat.

Dieses Zeugnis trage ich auch in mir. Ich bin zwar nicht wie Paulus mit einer Vision vom Pferd geholt worden, aber dass ich lebe, verdanke ich nur Jesus. Was bedeutet das für mich und für meine Kirche in Wuppertal? Wir haben mit all den anderen Gemeinden und Kirchen die »Schuld«, in der Stadt Wuppertal das Evangelium zu verbreiten. Warum? Diese Schuld haben wir angenommen, als wir unser Leben an Jesus Christus übergeben haben. Wir haben wie Paulus gesagt: »Wir leben nicht mehr für uns selbst, sondern Christus lebt in uns. Was wir jetzt leben, leben wir im Glauben an den Sohn Gottes.« Das hat genau wie bei Paulus konkrete Auswirkungen für unsere Pläne und Ziele und alle Wirkungsfelder in unserer Kirche.

Die Taufe ist das sichtbare Zeichen für diesen Prioritätenwechsel. Du trittst in ein neues Leben ein – ein Leben im Glauben. Alles, was in diesem Leben jetzt für dich von Bedeutung ist und was Jesus durch dich überall verbreiten wird, passiert aus Glauben an ihn. Aus Hingabe an ihn pflanzst du dann gerne und mit Freude etwas, was vielleicht erst in weiter Zukunft aufgehen oder Früchte hervorbringen wird.

Ein Beispiel dazu von meinem Freund Björn. Er wurde mit seiner Frau vor über dreißig Jahren von unserer Gemeinde aus nach Marseille ausgesandt. Die beiden hatten diesen Traum, dass Jesus in Marseille Menschen errettet und die Stadt verändert wird – und sonst nichts. Jahr für Jahr wurden sie ausgeraubt, gedemütigt, auseinandergenommen. Nach zwanzig Jahren noch mal ein Neuanfang – sie haben sich festgebissen. Heute leiten sie eine große Gemeinde und noch mehr: Sie haben Einfluss in die Länder um Frankreich herum, sie bilden Leiter europaweit und in Israel aus. Es gibt so viel, woran sie heute arbeiten. Leiter vor mir haben diese Leute nach Marseille gesandt, jetzt, nach über dreißig Jahren, gibt es endlich mehr Früchte als je zuvor.

Nur durch das Pflanzen von Bäumen kann man später Früchte ernten. Wir fangen nur an, das Evangelium durch unser Zeugnis und Leben zu pflanzen, wenn wir wie Paulus wissen: Jesus lebt durch uns. Stell dir mal folgende Fragen und schreib dir die Antworten auf:

- Was soll ich pflanzen?
- Was pflanze ich, das über mein Leben hinausgeht?
- Welches Reden von Gott schlummert wie noch unbegossene Samen in meinem Herzen?

Streck dich neu aus, bete und bitte Gott einfach, dass sein Heiliger Geist wie Regen zu dir kommt. Was auch immer Gott antwortet – bist du bereit, es im Glauben auch zu tun?

4

Glaube wirkt Wunder – Das »Pray and obey«-Prinzip

Pastor David Yonggi Cho ist Pastor in Südkorea. Er hat die *Yoido Full Gospel Church* (AOG) gegründet. Diese Kirche war mit 830 000 Mitgliedern im Jahr 2007 die größte Gemeinde der Welt. Ziemlich krass. Manche würden das vielleicht als Wunder bezeichnen. Pastor David wurde nach seinem Erfolgsgeheimnis gefragt und seine simple Antwort war: »I pray and I obey.«

Beten und gehorchen – das klingt ziemlich einfach, oder? Sicher gehört noch ein wenig mehr dazu, aber diese beiden Prinzipien sind die Substanz seines Erfolgs. Für mich gehören noch zwei weitere Punkte dazu: hören und glauben.

Beten, hören, glauben und gehorchen – das passiert in Abhängigkeit von Gott. Jeder Schritt ist entscheidend dafür, dass ein wundervolles Wirken Gottes in dieser Welt sichtbar wird.

Nicht die besten Menschen, sondern die, die mit Gott reden, ihm zuhören, ihm glauben und dann gehorchen, verändern die Welt. Wir wissen ja, dass wir ohne Gott gar nichts tun können – selbst Jesus konnte das nicht. Er hat nur ausgelebt, was er den Vater tun sah. In allem, was er geredet und getan hat, war immer Gott, der Vater, der eigentliche Angelpunkt. Deswegen gilt das auch für uns, wenn wir im Glauben leben möchten. Jesus sagt: »Ich bin der Weinstock, ihr seid die Reben. Wenn jemand in mir bleibt und ich in ihm bleibe, trägt er reiche Frucht; ohne mich könnt ihr nichts tun« (Johannes 15,5; NGÜ).

Das hat mich sonst immer sehr nervös gemacht. Lange dachte ich, dass ich doch eigentlich eine ganze Menge ohne Gott tun kann. Zum Beispiel kann ich mich anziehen, ich kann sehr gut was Nettes sagen oder einen Witz machen. Aber was Jesus hier meint, ist, dass wir ohne ihn nichts mit Bedeutung tun können. Nichts, was die Welt verändert oder Spuren hinterlässt. Nichts, was in Ewigkeit Wert hat. Nichts, was über unser Leben hinausgeht. Keine »Wunder«. Es ist ein Ausdruck von Reife, dass wir auch nichts davon ohne ihn tun *wollen*. Wir wollen nichts ohne Jesus tun, weil es ohne ihn keinen Ewigkeitswert hat.

Nun frage ich mich: Was tue ich eigentlich in meinem Leben oder in meinem Dienst, was ich ohne Gottes Eingreifen nicht tun könnte? Welchen Bereich in meinem Leben gibt es, in dem ich weiß, dass ich verloren wäre, wenn Gott nicht eingreift? Das sind die Bereiche, bei denen es für ein Leben im Glauben erst wirklich interessant wird. Das sind die Punkte, an denen ich nicht mehr auf dem Boden stehe, der mir Sicherheit gibt, weil ich noch Kontrolle habe. Das ist die Ebene, von der Yonggi Cho spricht.

Gottes interessante Kriegsführung

Man sagt, dass die Mauern von Jericho so dick waren, dass man darauf mit Pferd und Wagen fahren konnte. So eine Stadt war für damalige Verhältnisse ohne Bomben und ohne moderne Waffen uneinnehmbar. Würde es doch passieren, wäre das klar ein Wunder.

Und ein Mann bekam von Gott den Auftrag, dieses wunderbare Wirken Gottes in die Tat umzusetzen.

> Und Jericho hatte seine Tore geschlossen und blieb verschlossen vor den Söhnen Israel. Niemand ging heraus, und niemand ging hinein. Da sprach der Herr zu Josua: »Siehe, ich habe Jericho, seinen König und seine tüchtigen Krieger in deine Hand gegeben. So zieht nun um die Stadt: alle Kriegsleute, einmal rings um die Stadt herum! So sollst du es sechs Tage lang machen. Und sieben Priester sollen sieben Widderhörner vor der Lade hertragen. Aber am siebten Tag sollt ihr siebenmal um die Stadt herumziehen, und die Priester sollen dabei in die Hörner stoßen. Und es soll geschehen, wenn man das Widderhorn anhaltend bläst und ihr den Schall des Horns hört, dann soll das ganze Volk ein großes Kriegsgeschrei erheben. Die Mauer der Stadt wird dann in sich zusammenstürzen, und das Volk soll hinaufsteigen, jeder gerade vor sich hin.«
> *Josua 6,1-5; ELB*

Hier steht: »Niemand ging heraus, und niemand ging hinein.« Jericho war eine Festung. Ein Bollwerk.

Versuche jetzt mal, diese Geschichte ganz anders zu sehen. Nicht so, wie du sie in der Bibel bis zum Ende liest und wahrscheinlich eh schon genau weißt, wie sie ausgeht. Schalte mal alles aus, was du schon weißt, okay?

Du bist Josua. Da ist eine Stadt, in die niemand reinkommt und aus der niemand herausgeht. Und jetzt sagt Gott zu dir: »Ich habe dir diese Stadt gegeben.«

Hast du Jericho vor deinem inneren Auge? Die Türen sind immer noch zu und es kommt immer noch keiner rein oder raus. Aber etwas ist jetzt anders: Gott hat zu dir gesagt, dass die Stadt in deiner Hand ist.

Du schaust auf deine Hand. Dann wieder auf die Festung vor dir. Wie jetzt?!

Noch bevor Gott den Plan enthüllt, wie er Jericho in die Hand Josuas gibt, redet er bereits so, als wäre alles schon fertig: »Siehe, ich habe Jericho, seinen König und seine tüchtigen Krieger in deine Hand gegeben.«

So ist das bei Gott. Wenn du hörst, was er sagt, dann erfordert das Glauben. Denn er spricht meistens über Sachen, die so noch nicht in der Realität da sind. Auch bei dir kann es heute schon Dinge geben, die du noch nicht siehst, die dir Gott aber bereits gegeben hat. Gott spricht immer in seiner Wahrheit – und die schließt das Ziel, die Erfüllung, die ganze Wiederherstellung bereits mit ein.

So ist das bei Gott. Wenn du hörst, was er sagt, dann erfordert das Glauben.

Josua hatte sich vielleicht schon einen eigenen Plan zurechtgelegt, wie er Jericho erobern könnte. Denn immerhin hatte Gott ihn ja mit dem Auftrag in diese Gegend geschickt, für Israel das Land einzunehmen, das Gott Abraham versprochen hatte (Josua 1,6). Was hättest du an Josuas Stelle erwartet? Eine geniale militärische Strategie? Einen Sechs-Punkte-Plan? Einen Hinweis auf eine schwache Stelle in der Mauer? Gott hatte etwas ganz anderes geplant, etwas wirklich Erstaunliches.

Am zweiten Tag nimmst du alle deine Leute und ziehst mit ihnen um die Stadt.
??
Am dritten Tag nimmst du alle deine Leute und ziehst mit ihnen um die Stadt.
???
Am vierten Tag nimmst du alle deine Leute und ziehst mit ihnen um die Stadt.
???!
Am fünften Tag nimmst du alle deine Leute und ziehst mit ihnen um die Stadt.
???!!

Merkst du jetzt, warum das Gehorchen für ein Leben im Glauben so entscheidend ist? Wenn Gott uns solche Anweisungen gibt, würden wir spätestens bei der Ansage zum dritten Tag fragen, ob wir eigentlich noch alle Tassen im Schrank haben, oder? Dann würde uns am vierten Tag unser Ego in die Quere kommen. Wir würden glänzen wollen und Gott sagen, dass wir schon wissen, was er plant, und aufhören, ihm zuzuhören. Ja, und dann würden wir verpassen, was am siebten Tag passiert. Denn dann ändert Gott seine Strategie.

Bei der Umrundung der Festung hätte ich Gott vermutlich irgendwann gefragt, ob er was an meiner Figur auszusetzen hat und ob das jetzt ein Ausdauertraining für den Kampftag ist. Denn nach der siebten Runde soll ja großes Kriegsgeschrei erhoben werden. Am siebten Tag! Nicht am ersten oder zweiten. Ich wäre am siebten Tag spätestens nach der zweiten Runde außer Puste und wüsste nicht, wo ich die Kraft für großes Kriegsgeschrei noch hernehmen sollte. Und würde ich es mit dem Gehorchen so weit bringen? Mir würde sicherlich die Vorstellungskraft für ein solches Manöver fehlen. *Das soll diese dicken Mauern, auf denen Pferde und Wagen fahren können, zum Einstürzen bringen? Wofür racker ich mich hier eigentlich ab? Das führt doch alles zu nichts.*

Natürlich kennen wir das Ende der Geschichte. Aber mal ganz ehrlich: Was würdest du an diesem Punkt, an dem Josua das Reden Gottes bekam, denken? Würdest du beten, hören, glauben und gehorchen bis zum letzten Detail, das Gott gesagt hat?

Beten, hören, glauben, gehorchen: Josua redet mit Gott. Er hört zu, bis Gott ausgeredet hat. Er schenkt den Plänen Gottes Glauben. Woher ich das weiß? Eben weil er gehorcht und alles genau so macht, wie Gott gesagt hat. Weil er gelernt hat, den Istzustand schon so zu sehen, wie Gott ihn sieht: vom Ziel her. Die Stadt ist schon in seiner Hand. Der Weg muss nur noch durchgegangen werden.

Gott tut alles. Gott tut nichts ohne uns.

Wie könnte das denn abgelaufen sein, als Josua in sein Leiterschaftsteam ging und in der Runde von glaubensstarken Generälen diesen Plan enthüllte? Sie wollten Gottes Reden erfahren. Als Josua ihnen dann den Plan erzählte, haben sie sich sicher gefragt: »Was ist mit Josua los?«, und waren herrlich ernüchtert. Vielleicht haben sie nach dem Plan B gefragt und Josua antwortete: »Pray and obey!«

In dieser Geschichte ist nicht nur Josua der Held für mich, sondern auch seine Leute. Denn die waren hochgebildet und wahrscheinlich auch kampferfahren. Nicht nur, dass sie die Worte Gottes für sich selbst annehmen mussten. Sie hatten die Aufgabe, es dem Volk mitzuteilen. »Am ersten Tag drehen wir eine Runde und am zweiten Tag drehen wir eine Runde … und am siebten Tag drehen wir sieben Runden und dann machen wir ordentlich Krach.« Kannst du dir vorstellen, was da für Diskussionen geführt werden mussten? Wie viele Kommentare es gab, die nicht hilfreich und supportive waren?

Bis das Reden Gottes im ganzen Volk ankommt und nicht nur einer das Pray-and-obey-Prinzip anwendet, sondern alle im Volk – da müssen sehr viele Leute Glauben haben: Josua muss Gott glauben. Seine Anführer müssen Josua glauben, dass der ihnen keinen Schmu erzählt. Und die Männer aus den Stämmen müssen den Anführern glauben, dass die das Reden Gottes richtig aufgenommen und weitergegeben haben. An wie vielen Schnittstellen da irgendetwas schiefgehen kann! Merkst du, wie umkämpft das »Pray and obey«-Prinzip ist?

Warum hat Gott sich nicht irgendetwas anderes ausgedacht, etwas, was mehr den Skills und Erwartungen entsprochen hätte? Oder etwas, was etwas weniger Risiko in der Umsetzung bedeutet hätte? Warum ist Gott so vorgegangen?

Gott hat Josua und dem Volk gezeigt, dass sie nicht aufgrund menschlicher Finesse, sondern durch ihn allein und durch seine Gnade diese Stadt einnehmen werden. »Ich habe diese Stadt in deine Hand gegeben«, hat Gott gesagt. Und so ist es auch: Er bringt das, was er tun möchte, selbst in die Realität. Aber er möchte es mit uns Menschen tun. Das ist die Kraft des Glaubens: Ohne das Beten, Glauben, Hören und Gehorchen von Josua, den Priestern und letztendlich von jedem einzelnen Mann in diesem Volk wären die Mauern von Jericho nicht gefallen.

Jesus lobt später in einem seiner Gleichnisse über die Prinzipien im Königreich Gottes den treuen Knecht: »Well done! Gut gemacht!«[8] Er sagt nicht: »Gut gedacht!«, »Gut gesagt!« oder »Gut überlegt!«. Er sagt: »Gut *gemacht.*« Glauben bedeutet immer: Hier macht jemand etwas.

Was hat Jesus zu dir gesagt? Was schlummert in dir? Was hast du gehört? Denkst du noch, oder gehorchst du schon? Hält dich etwas ab, nach dem, was Gott gesagt hat, auch loszumarschieren? Vielleicht, weil Gottes Ansage so ähnlich absurd klingt wie: »Am ersten Tag drehen wir eine Runde und am zweiten Tag drehen wir eine Runde … und am siebten Tag drehen wir sieben Runden und dann machen wir ordentlich Krach«?

Was hast du von Gott gehört? Denk mal darüber nach, und zwar, indem du durch diese Bibelstelle draufschaust:

> Es reicht nicht, nur Glauben zu haben. Ein Glaube, der nicht zu guten Taten führt, ist kein Glaube – er ist tot und wertlos. Nun könnte jemand sagen: »Manche Menschen haben Glauben; andere vollbringen gute Taten.« Dem antworte ich: »Ich kann deinen Glauben nicht sehen, wenn du keine guten Taten vollbringst; aber ich kann dir durch mein Handeln meinen Glauben zeigen.«
> *Jakobus 2,17-18*

Damit das Reden Gottes, dem du glaubst, auf dieser Erde sichtbar wird, musst du etwas tun.

Mit dieser »Glaube ohne konkrete Aktion bleibt unsichtbar«-Brille habe ich immer wieder intensiv die Bibel gelesen. Und dabei habe ich festgestellt: Bei fast allen Wundern Gottes gibt es einen Teil, den der Mensch zu erledigen hat, an dem das Wunder sichtbar werden soll. Es ist nicht so wie in einem Comic-Heftchen, dass eine Wunderbombe vom Himmel fällt und – zack – Wunder passiert. Immer wieder lesen wir, dass Gott mit den Menschen in Partnerschaft steht. Das eigentliche Ding macht Gott – aber ohne dass der Mensch einen Schritt im Glauben geht, passiert nichts.

Damit das Reden Gottes, dem du glaubst, auf dieser Erde sichtbar wird, musst du etwas tun.

Schauen wir uns ein paar dieser Passagen an. Wir starten noch mal bei Josua und seiner Landeinnahme.

Josua: Erst als die Füße im Wasser sind …

Gott hatte dem Volk durch Josua sagen lassen: »Ihr geht durch den Jordan, um das verheißene Land einzunehmen.« Der Jordan hatte allerdings gerade Hochwasser und Gott verlangte von den Priestern: »Geht ein paar Schritte in den Fluss hinein und bleibt dann stehen« (Josua 3,8). Da werden die Priesterfüße nass. Gott erläutert seinen Plan für die Jordanüberquerung: »Sobald ihr den Jordan betretet, staue ich das Wasser an einem anderen Ort, dann erst kann das Volk trockenen Fußes durchgehen.« Und so ist es dann auch passiert.[9]

Wenn die Priester sich nicht die Füße nass gemacht hätten, wäre dieses Wunder nicht geschehen. Denn erst, als die Füße im Wasser waren, stand der Fluss. Wenn Gott jetzt typisch deutsch gehandelt hätte – wie wäre das Ganze dann gelaufen? Vermutlich so: Die Priester hätten am Fluss gewartet, bis der himmlische Föhn das Wasser komplett ausgetrocknet hätte. Ein qualitätsmanagender Engel hätte anschließend geprüft, ob auch wirklich alles trocken und die Flusswand fest genug wäre, dass man auch wirklich sicher passieren kann. Erst dann wären die Menschen losgegangen mit einem »So sehen Sieger aus, schalalalala!« auf den Lippen. Aber Gott ist so nicht! Er erwartet von dir Partnerschaft und Vertrauen. Dass du bereit bist, das Risiko einzugehen, und seinem Wort trotzdem gehorchst. Dass du im Glauben vorausgehst und dir die Füße nass machst. Mit Petrus war es auch so – das hatten wir schon: Er muss das Boot erst verlassen, seine Füße werden nass. Dann trägt das Wasser ihn.

Petrus: Erst als er dem Lahmen die Hand reicht …

Sehr lange habe ich diese Geschichte falsch im Kopf gehabt. Ich habe immer gedacht, Petrus sagt: »Silber habe ich nicht, und Gold habe ich nicht; doch was ich habe, das gebe ich dir: Im Namen von Jesus Christus aus Nazareth – steh auf und geh umher!« (Apostelgeschichte 3,6; NGÜ). Und dann geschieht das Wunder sofort. Doch wenn man weiterliest, merkt man – das ist nicht ganz richtig. Im nächsten Vers wird beschrieben, wie es wirklich geschieht. Da steht, dass Petrus dem Lahmen die Hand reicht, und erst als er aufsteht, geschieht das Wunder: »Dann nahm er den Gelähmten an der rechten Hand und half ihm auf. Als er das *tat*, wurden die Füße und Knöchel des Mannes geheilt und erhielten ihre Kraft zurück« (Apostelgeschichte 3,7).

Was wäre geschehen, wenn Petrus ihm nicht die Hand gereicht hätte und der Lahme sich nicht hätte aufrichten lassen? Nichts! Das Hochziehen hat nicht das Wunder bewirkt, aber »Pray and obey« hat die Himmelskraft freigesetzt.

Alle Nachfolger: Erst mit dem Händeauflegen …

Jesus sagt das als Sendungsauftrag für alle, die ihm glauben und die getauft sind: »Und diese Zeichen werden die begleiten, die glauben: Sie werden in meinem Namen Dämonen austreiben und sie werden neue Sprachen sprechen. … Sie werden Kranken die Hände auflegen und sie heilen« (Markus 16,17-18). Wir müssen die Hände auflegen, dann erst kann der Kranke, für den ich bete und für den ich Glauben habe, dass Gott ihn heilen kann, gesund werden.

Die zehn aussätzigen Männer: Erst als sie losgingen …

»Und es geschah, als er nach Jerusalem reiste, dass er mitten durch eine Gegend zwischen Samaria und Galiläa ging. Und als er in ein Dorf einzog, begegneten ihm zehn aussätzige Männer, die von fern standen. Und sie erhoben ihre Stimme und sprachen: ›Jesus, Meister, erbarme dich unser!‹ Und als er sie sah, sprach er zu ihnen: ›Geht hin und zeigt euch den Priestern!‹ Und es geschah, während sie hingingen, wurden sie gereinigt« (Lukas 17,11-14; ELB).

Diese Leute waren nicht geheilt und gingen zu den Priestern. Erst, als sie sich auf den Weg machten, geschah das Wunder. *Pray and obey.*

Ananias: Erst als er den Blinden besuchte …

In der Apostelgeschichte lesen wir, dass Ananias den Christenverfolger Saulus aufgrund einer Vision besuchte.[10] Als er den Auftrag von Gott bekam, hatte er eine Anmerkung: »Herr, das ist nett, ich habe zwar dafür gebetet, dass du mich gebrauchst, damit blinde Augen wieder sehen. Aber ich würde lieber, anstatt zu Saulus zu gehen, mit etwas anderem beginnen. Du weißt ja, dass er deine Leute verfolgt und offiziell auch ermächtigt ist, sie alle gefangen zu nehmen.«

Aber Gott lässt sich nicht von seiner Anweisung abbringen: »Dieser Saulus ist als Werkzeug erwählt. Er wird den Lauf der Geschichte verändern.«

Ananias hört das. Er braucht einen Moment, aber dann glaubt er Gott. Und woran sieht man seinen Glauben? Genau: Er tut, was er tun soll. Durch den Gehorsam dieses Mannes wird Saulus zu Paulus und geht dann selbst aufgrund einer nächtlichen Vision nach Europa.

Noah: Erst als die Arche fertig gebaut war …

Die Tiere kamen nicht zuerst zu Noah und er baute die Arche entsprechend. Noah baute zuerst die Arche. Er musste beten, zuhören, Gottes Plänen glauben und dann gehorchen und mit dem Bauen loslegen. Erst als alles fertig war, kamen die Tiere.

Genauso wenig werden in der Stadt, in der du Gemeinde bauen sollst, 200 Menschen irgendwo rumstehen, auf dich warten und dich bitten, ihnen das Evangelium zu erzählen und sie zu taufen, einfach so eine Kollekte für dich sammeln und dich bitten, ihr Pastor zu werden. So läuft das nicht. Genauso, wie man eine Arche baut, damit Tiere kommen, muss man auch Gemeinde bauen, damit Menschen kommen. Du bekommst keinen Bausatz für eine Arche oder Gemeinde in einem Fachgeschäft für Bauartikel. Es gibt dafür keine Setzkästen in verschiedenen Farben und Ausführungen. Noah tat den ersten Schritt und baute im Glauben die Arche, dann kamen die Tiere und dann fing es an zu regnen.

Von Baubeginn bis Regen vergingen sogar 120 Jahre, in denen Gott nichts mehr gesagt hat – zumindest sind die weiteren Gespräche zwischen Gott und Noah nicht im Detail überliefert. Wenn du also das Gefühl hast, dass Gott nicht mehr mit dir spricht, frag mal Noah! Gott hat ein halbes Jahr schon nicht mehr gewirkt? Noah musste 120 Jahre aushalten und dranbleiben, obwohl er Spott und Ablehnung erfuhr! Das war zu Beginn des Baus vielleicht noch erträglich, im Laufe der Zeit braucht es große innere Widerstandsfähigkeit, sich nicht von so einem Glaubensweg abbringen zu lassen. Gott erwartete von Noah, dass er etwas tat, was noch niemand getan hatte. Und dann musste er sehr lange in diesem Tun aushalten, bis das Wunder endlich für alle sichtbar wurde.

Okay, der Kontrollfreak in mir hätte sicher etwas gesagt wie: »Gott, bevor ich nicht genau weiß, wie viele Tiere in dieses Boot hineinkommen, werde ich keine Arche entwerfen oder bauen!« Gott wird nicht auf dieses Bedürfnis eingehen und sagen: »Moment, gut, dass du das sagst! Ich weiß gar nicht, wie viele Tiere es gibt. Ich schick mal meine Inventurengel los, um sie zu zählen.« Gott sagte zu Noah: »Bau eine Arche!«

Die sorgenvolle Panikstimme würde vielleicht schreien: »Ahhh! Da werden ja dann auch Löwen kommen!« Aber Noah dachte nicht darüber nach. Er tat, was Gott ihm sagte. Gott gab ihm genaue Anweisungen, wie die Arche aussehen musste, und Noah folgte diesen Anweisungen.

Wir werden bei keinem übernatürlichen Wirken Gottes ausgeschlossen, es gibt immer eine menschliche und eine göttliche Seite. Das heißt: Nur auf das göttliche Handeln zu warten, ohne dass wir auch etwas tun, ergibt keinen Sinn. Denn es gilt das »Pray and obey«-Prinzip. Auf dein Leben bezogen, auf deinen Bereich, deine Gemeinde: Wofür hat Gott dir Hoffnung gegeben? Und was ist der Teil, den Gott dir zugedacht hat, um sein Partner für dieses Wunder zu werden? Welche Veränderung musst du anpacken? Du kannst für Veränderung beten, bis du blaue Lippen hast – wenn du nicht aktiv wirst und in den Gehorsamsschritt hineinkommst, schaffst du keinen Raum für Gott, damit er handeln kann.

> Es gibt immer eine menschliche und eine göttliche Seite bei jedem Wirken Gottes.

Smith Wigglesworth, einer meiner Glaubenshelden, sagte einmal: »Wenn Gott mich nicht bewegt, bewege ich ihn!« Das ist das Glaubensabitur und ich staune als Glaubenserstklässler über diese Aussage und nehme mir vor, erst mal mit »Pray and obey« zu starten.

Segen bringt Veränderung

Es gibt so viele Geschichten in der Bibel, die ich alle noch aufzählen könnte. Aber das Prinzip ist auch jetzt schon ziemlich offensichtlich. Ich finde ja, Gott hat einen »Wunder-Hamburger« geschaffen.

Erst kommt die obere Brötchenhälfte: Ich höre von Gott und glaube ihm. »Und doch kommt der Glaube durch das Hören dieser Botschaft, die Botschaft aber kommt von Christus« (Römer 10,17). Dass wir glauben können, bewirkt Gott, indem wir etwas von ihm hören. Gott hat die einzigartige Fähigkeit, das wenn man eine Botschaft von ihm hört, das Vitamin G (wie Glaube) direkt in unserem Herzen freigesetzt wird. Wenn Gott zu uns spricht, wir hören und aufnehmen, was er sagt, entsteht in uns die unerschütterliche Gewissheit, dass er das, was er sagt, auch tun wird. Jesus ist der Anfänger und Vollender des Glaubens (Hebräer 12,2). Er ist immer direkt involviert, wenn Gott redet und ein offener Mensch das Wort empfängt: Von ihm kommt die Botschaft.

Dann kommt das Patty aus Fleisch oder Tofu: Ich tue, was Gott gesagt hat. Das ist der Gehorsamsschritt. Wir müssen unseren Teil dazu tun, indem wir in das hineingehen, was Gott geredet hat. Weil du gehorsam bist, tust du den ersten Schritt, die erste Handlung, um zu erreichen, was Gott gesagt hat. Du diskutierst nicht, sondern machst einfach.

Dann kommt die untere Brötchenhälfte: Gott bewirkt das Wunder. Die Explosion! Jetzt erst ist vollendet und sichtbar, was Gott gesagt hat.

Ohne Jesus ist das alles nur Fantasie, mit Jesus ist alles möglich. Er ist der Anfänger und Vollender des Glaubens – das heißt, dass er dich vom Hören bis hin zum Gehen befähigt. Dass er mit seiner Kraft mit dir ist. Er braucht Menschen, die sich ohne Bedingung bereitstellen, den Auftrag annehmen und ausführen. »Auf dein Wort hin will ich gehen!« Wie viele unglaubliche Dinge sind durch einfache Menschen passiert? Das zeigt, dass Bildung, Wissen und Kultur großartig sind, aber nicht der richtige »Filter« für ein Leben im Glauben. Dafür benötigst du als Filter eine »Pray and obey«-Haltung.

Dann wird das Leben kompliziert.

Stopp mal, was? Dann passiert doch das Wunder! Eben. Und Segen macht das Leben kompliziert!

> Rezept für den Wunder-Hamburger: Hören. Tun. Wunder.

Als ich in einer Lebensphase sehr wenig verdiente, war das Leben recht einfach – wenig Geld bedeutete wenig kaufen. Als Gott mich mit mehr Einkommen gesegnet hat, hatte ich zwar auch mehr Ausgaben und mehr zu verwalten und zu entscheiden. Aber es war trotzdem am Ende noch mehr übrig. Ich will, dass Gott mich segnet! Ich möchte durch Gehorsamsschritte in meinem Glauben wachsen und mehr von Gottes Gaben und von seiner Herrlichkeit in die Sichtbarkeit verhelfen. Wie steht es mit dir?

Sünde macht das Leben auch kompliziert – allerdings ohne Wachstum.

Daher stelle ich dir diese ehrliche Frage: Möchtest du Segen empfangen? Der Herr hat dir eine offene Tür gegeben, aber es gibt viele Widersacher (1. Korinther 16,9). Du bekommst keine offene Tür, ohne dass jemand was dagegen hat. Wenn man Christian Knorr, einen leitenden Pastor in unserer Kirche, danach fragt, wie der Segen Gottes so ist, ist seine Antwort immer: »Süßsauer! Wenn du ›sauer‹ nicht akzeptierst, bekommst du eben keine Soße.«

Wachstum macht das Leben schön und gleichzeitig anstrengend. Es gibt genügend Menschen, die »anstrengend« lieber wegdiskutieren, damit sie ihr gemütliches Leben leben können. Aber dann bekommen sie auch kein Wachstum und keine Wunder – und sie verpassen den Segen. Wenn das Reich Gottes wächst, können wir nicht wie bisher weiterleben. Doch das ist es wert.

Segen zu empfangen, wird dich in ein neues Land hineinführen. Das Land der Verheißung ist voller Fülle. Es ist gleichzeitig aber auch voller Jerichos, die dich Glaubensrisiko lehren werden. Und die das Potenzial haben, dass Gottes Wirken auf wunderbare Weise sichtbar wird.

Das Leben hat sich für das Volk Israel, das die Wüste und die Manna-Versorgung Gottes gewohnt war, radikal verändert, als sie über den Jordan gegangen waren: »Von diesem Tag an gab es nie wieder Manna und die Israeliten ernährten sich schon in diesem Jahr von den Früchten Kanaans« (Josua 5,12). Ab sofort hatten sie Segen zu verwalten. Und Segen ist auch herausfordernd, denn er bringt Veränderung mit sich.

In meinem Leben gibt es mittlerweile so viel Veränderung, dass ich ab und zu den Wunsch spüre, sonntags zum *Tatort* mit den immer gleichen Kommissaren zurückzukehren – wie sie seit zwanzig Jahren Fälle lösen. Scheinbar ein Ort ohne Veränderung. Aber selbst dort funktioniert das nicht. Und ich verwerfe solche Wünsche auch sehr schnell. Denn Gott ruft uns, das Unmögliche zu tun!

5

Vertraue, auch wenn's nicht logisch ist

Glaube und Mut gehören zusammen. Mut ist nicht die Abwesenheit von Angst. Wenn du beginnst, an etwas zu glauben, und willst es womöglich auch noch direkt umsetzen, und wenn du dann daran denkst, den ersten Schritt zu gehen, dann beginnt in dir ein Kampf. Jetzt brauchst du den Mut, umzusetzen, woran du glaubst. Mut für den Kampf darum, ob du bereit bist zu gehen – in ein Niemandsland. Dorthin, wo du Kontakt mit Feinden haben wirst. Um etwas zu tun, das noch niemand zuvor getan hat und wobei du auch scheitern kannst. Hörst du vielleicht gerade eine Trillerpfeife Gottes, die dich auffordert JETZT Attacke zu machen, und scheust dich noch davor?

Die inneren Kämpfe sind meist größer als die äußeren, die inneren Stimmen sind meistens lauter und komplizierter als die, die von außen kommen. Denn die inneren Stimmen kennen deine Sprache besser als die von außen – sie erreichen dich eher, weil sie dir näher sind. Sie sind häufig der Grund, warum wir nicht losgehen. Nicht, weil wir den Startschuss nicht hören, sondern weil diese Stimmen da sind, mit uns diskutieren und uns am Gehen hindern. Ich frage mich, wie viele Aufträge Gottes nicht erfüllt wurden, obwohl die Zeit reif dafür war, obwohl Gott bereit war und sehr klar zu Menschen gesprochen hat – einfach, weil die Menschen nicht mutig losgegangen sind.

Der Gedanke »Gott ist nicht logisch!« setzt einen Kontrapunkt dazu, der mir ganz persönlich in solchen Momenten hilft, mutig zu sein. Nicht logisch bedeutet nicht, dass wir als Mitarbeiter Gottes unseren Verstand an der Garderobe abgeben sollen. Ohne unseren Verstand wäre das Leben eine absolute Katastrophe. Gott hat uns unseren Verstand, den Realitätssinn und die Logik gegeben, damit wir sie einsetzen – das ist alles richtig! Das dürfen wir nicht ignorieren. Diese Fähigkeit ist jedoch nicht die Messlatte für Gottes Aufträge in deinem Leben und für deine Gemeinde bzw. deinen Dienst. Wenn du denkst, dass Gott denkt, wie du denkst, dann denkst du falsch. Gott denkt nicht wie du oder ich. Deshalb ist Gott nicht logisch – es ist nicht zu begreifen, wie er denkt.

Wenn du denkst, dass Gott denkt, wie du denkst, dann denkst du falsch.

Gideon

Ein Leiter bekommt den Auftrag, mit seinen Leuten gegen eine riesige Armee zu ziehen und siegreich zu sein. Seine Logik sagt: »Sammle so viele Leute wie irgend möglich, um überhaupt eine Chance zu haben. Krieg ist nie gut, aber wenn du einen Krieg zu führen hast, brauchst du viele Soldaten.«

Gott sagt etwas anderes: »Du hast zu viele Leute bei dir. Wenn ich dir so den Sieg über Midian schenken würde, könnten sich die Israeliten vor mir damit brüsten, dass sie sich aus eigener Kraft gerettet hätten« (Richter 7,2).

Menschliche Logik sagt, du brauchst mehr Soldaten. Gott sagt, du brauchst weniger Soldaten. Das hätte ich mit Gott ausdiskutiert. »Wir sind schon so wenige, warum sollen es denn jetzt noch weniger werden? Wir haben eh keine Chance, aber mit deinem Plan müssen wir noch nicht mal drüber nachdenken. Gott, ich bitte dich, gib mir mehr Soldaten!« Aber Gott wird seinen Plan nicht ändern, nur weil ich seinen Plan nicht logisch finde. Gott sagt: »Weniger Soldaten!« Ende.

Mose

Mose soll zum Pharao gehen. Mose bekommt den Auftrag, dem mächtigsten Mann auf Erden klarzumachen, dass er all seine Sklaven und Fronknechte freilassen soll, weil Gott das möchte. Die Folge der Freilassung ist, dass alle seine Arbeiter das Land verlassen und der Pharao seinen Wohlstand und seine Macht verliert.

Sklavenhalter lassen ihre Leute nicht einfach so ziehen.

Das ist nicht logisch – Sklavenhalter lassen ihre Leute nicht einfach so ziehen. Deshalb bittet Mose Gott um etwas, das den Pharao beeindruckt. Einen Beweis dafür, dass er von Gott geschickt wird. Mose kennt den Pharao ja persönlich und weiß, wie der tickt – schließlich war er vor vierzig Jahren in seinem Haus aufgewachsen und vor den Aufsehern des Pharaos geflohen. Und Gott gibt ihm … einen Stock!

In diesem Moment hätte ich Gott gefragt, ob er noch irgendetwas anderes hinter seinem Rücken versteckt hält: »Den Stock nehme ich gern, um mich drauf zu stützen, aber ich hätte gern einen echten Beweis.« Da sagt Gott zu Mose: »Nimm den Stock, und wenn du ihn zu Boden wirfst, wird er zur Schlange.« – »Zur Schlange? Sind Schlangen nicht schlecht? Gibt es nicht etwas anderes, etwas, das Donner und Blitze macht?« Mose nimmt den Stock, geht damit zum Pharao und wirft ihn auf die Erde. Kannst du dir die innere Anspannung von Mose vorstellen, als er mit einem Stock zum Pharao geht und dann vor ihm steht – in der Hand nur diesen Stock? Sehen so Sieger aus? Kannst du dir das Gesicht des Pharaos vorstellen oder die Gedanken von Mose, als er den Stock auf den Boden wirft? Slooooow Mooooootion… bis der Stock den Boooooden berührt.

Wir kennen das Ende der Geschichte und wissen, was passiert ist: Der Stock wurde zur Schlange. Mose wusste das in dem Moment aber noch nicht. Er hatte es nur einmal in seinem Mose-Gott-Glaubensprep-Moment gesehen. Aber jetzt ging es um alles oder nichts. Indem er den Stock, den er von Gott bekommen hatte, auf den Boden warf, als er vor dem Pharao stand, verließ er sich mutig auf den Glauben, nicht auf die Logik.

Und so viel andere

Nehemia war Mundschenk. Seine Jobdescription war es, den besten Wein in den Becher des Königs zu schütten! Dieser Mundschenk bekam die Aufgabe, eine Stadtmauer zu bauen. Hä? Der wäre doch eigentlich perfekt für die Party danach, oder? Logisch wäre es, einen Maurer zu beauftragen, einen Architekten oder irgendjemanden, der etwas vom Bauen versteht und eine gute Ausbildung absolviert hat. Aber Gott erwählte lieber den Mundschenk, um die Stadtmauer zu bauen.

Gott erwählt Noah, einen Landwirt, um eine Arche zu bauen. Einen Weinbauer, der mit Holz rumbasteln soll, um ein Schiff zu bauen, in dem alle Tiere der Welt Platz finden. Da hätte ich einen Zimmermann erwählt. Aber Gott erwählt einen Bauer. Das ist, wie, in einer Pizzeria anzurufen, um zu fragen, ob sie dein Haus bauen können. Man wählt keinen Pizzabäcker, um ein Haus zu bauen.

Man fragt einen Schiffsbauer, wenn man eine Arche bauen möchte. Hat Noah deshalb 120 Jahre gebraucht, weil er nur ein Weinbauer und kein Schiffsbauer war?

Oder David und die Geschichte mit dem drei Meter großen Riesen. Alle verzweifeln, die besten Generäle finden keinen Plan, ihn zu besiegen. Sie trauen sich nicht, ihm entgegenzutreten oder jemanden zu schicken. Sie haben alle Angst. Wen sendet Gott? Einen Hirtenjungen – jemand, der sich um Schafe kümmert!

Und Paulus war einer, der etliche Morde beauftragte und als Christenverfolger durchs Land gezogen ist. Er schreibt mehr als 50 Prozent des neuen Testaments – das ist nicht logisch!

Wenn Gott etwas von dir möchte, ist es nicht in erster Linie logisch. Gottes Logik ist es nicht, den besten, coolsten, bestausgebildeten, durchtrainiertesten, mutigsten Menschen zu suchen. Gottes Logik sagt: »Ich möchte etwas tun, und alles, was ich brauche, ist jemand, der mit mir in Partnerschaft genau das tut, was ich ihm sage.« Gott sucht nicht jemanden, der zögerlich nach mehr Sicherheit sucht und wartet, bis etwas Bestimmtes passiert, damit er losgeht. Jemand, der immer eine Garantie braucht oder wartet, bis das Training perfekt ist. Gott ist nicht logisch. Er vergibt seine Aufgaben an Menschen, die keine Ausreden vorbringen.

Du bist weder zu alt noch zu jung, du sprichst nicht die falsche Sprache oder hast einen falschen Akzent. Es kommt nicht darauf an, einen guten Hintergrund – eine gute Familie oder den richtigen Wohnort – zu haben. Wenn Gott dich beauftragt, dann wird er dich auch befähigen. Denn er meint *dich*. Gott beruft dich nicht aufgrund menschlicher Logik. Gott wird dir immer einen Auftrag geben, der größer ist als das, was du selbst schaffen kannst – das hatten wir schon. Denn er möchte, dass du ihn immer auf der Rechnung hast. Gerade, wenn du denkst, dass du es nicht schaffst, und es auch noch fühlst. Gott beruft dich aufgrund seiner Kraft.

Gott schenkt den Israeliten den Sieg nicht einfach so, obwohl es für ihn eine Kleinigkeit gewesen wäre. Sie sollten lernen, dass sie auf Gottes Kraft angewiesen sind. Deshalb minimiert er auch die Mannschaft von Gideon (Richter 7): »Sonst könnten sich die Israeliten vor mir damit brüsten, dass sie sich aus eigener Kraft gerettet hätten.«

Gott möchte, dass du ihn immer miteinbeziehst, dass du, wenn du etwas schaffst, genau weißt: Ohne ihn wäre das nicht möglich gewesen. Die Bibel sagt uns eindeutig, dass Gott alles mit uns teilt. Seine Liebe, seine Barmherzigkeit, seine Heiligkeit, seine Großzügigkeit. Aber eins teilt er mit uns nicht: seine Ehre. Gott bekommt die Ehre! Wenn er dir etwas Unlogisches sagt und du beginnst, es umzusetzen – nicht, weil du glaubst, dass *du* es kannst, sondern weil Gott auf deiner Seite ist –, dann bekommt Gott am Ende alle Ehre.

In Berlin hat Gott eine Kirche von einem Ukrainer gründen lassen, der mit einer deutschstämmigen Frau verheiratet ist, damit Aussiedler, Ukrainer, Russen und Russisch sprechende Menschen sowie Deutsche einen Ort haben, an dem sie sich treffen können, Gemeinschaft haben und den Herrn anbeten. Diese Kombination – dieses Zusammentreffen – ist nicht logisch, aber es funktioniert! Und diese Kirche gibt es jetzt schon seit zwanzig Jahren. Gott hat schon vor zwanzig Jahren dafür gesorgt, dass es einen Ort gibt, an dem Ukrainer und Russen friedlich zusammenkommen können. Das ist nicht logisch – und es funktioniert nur, weil Gott drin ist. Nimm Gott raus und Streit bricht aus. Aber mit Gott ist das der beste Ort für diese Menschen. Die Einheit kommt nicht aus der Ethnie, nicht aus der Sprache oder Politik. Die Einheit hat einen Namen: Jesus Christus!

Die Einheit hat einen Namen: Jesus Christus!

Das theologische Ziel hinter dem Erreichen eines Glaubensziels ist: *Soli deo gloria!* Es geht nicht um Bewunderung der lokalen Gemeinde oder um eine Bewegung. Es geht um die Ehre Gottes. Deswegen hat Gott dauernd Ideen, die menschlich gesehen völlig unlogisch sind. Nur so kann *er* beweisen, dass es sein und nicht dein Wirken ist. Gottes Ehrgeiz besteht darin, dass er sich Gemeinden, Leiter, Leute aussucht, denen es menschlich nicht zuzutrauen ist, damit man am Ende sagen kann: »Wenn die das können, dann können wir das auch.«

Das theologische Ziel hinter dem Erreichen eines Glaubensziels ist: Soli deo gloria.

Gott ist nicht logisch, Gott ist nicht unlogisch, Gott ist theologisch![11] Mir hilft das ungemein, weil Gott mir oft Dinge sagt, die mich herausfordern, und ich erst mal denke: »Lass mich in Ruhe, ich kann das nicht.« Ich mache immer wieder den Fehler, dass ich das Vorhaben Gottes auf meine Fähigkeiten, Möglichkeiten und Ressourcen reduziere. Seit über dreißig Jahren falle ich immer wieder darauf rein und ich glaube, da bin ich nicht der Einzige.

6

Woraus Leute, die glauben, gestrickt sind

Mit zunehmendem Alter beginne ich mir Fragen zu stellen, die mir früher peinlich gewesen wären. Es ist sogar noch schlimmer. Ich beginne Fragen zu stellen, die meine Sicherheiten hinterfragen, dabei sollte ich doch mit steigendem Alter sicherer werden. Woher kommen solche komischen Fragen?

Eine dieser Fragen lautet: Wer bin ich eigentlich? Was macht mich aus?

Als Kind habe ich mir solche Fragen nicht gestellt, da wollte ich nur spielen. Als Teenager wollte ich nur wissen, wie »die Eine« heißt. Als frisch Verheirateter interessierte mich, wie die Rechnung bezahlt wird. Als wir Kinder hatten, habe ich mich nur gefragt, wer diese Nacht aufsteht. Als die Kinder in die Pubertät kamen, dachte ich oft: »Wer sind diese Menschen in meiner Wohnung?« ... Aber seit ich vierzig bin, stelle ich mir die Frage: »Wer bin ich?«

Diese Frage ist sehr tief. Um eine Antwort zu finden, brauche ich ein Gegenüber, denn sonst komme ich auf komische Gedanken. Meine Frau, Kollegen, Freunde, Seelsorger, sogar Therapeuten – alles Menschen, die mir helfen, diese Frage in die richtigen Bahnen zu lenken. Sie stellen mir meist Gegenfragen, denen ich mit Antworten begegne, von denen ich niemals wusste, dass ich so etwas jemals sagen würde.

Wir finden in der Bibel etliche Leute, die von Gott einen Auftrag erhalten, die mit dieser Frage darauf reagieren: »Ich? Wer bin ich schon?« Einer von ihnen ist Mose.

Identitätsumbau bei Mose

Mose scheint es genauso zu gehen. Als Gott ihm nach vierzig Jahren Wüstenleben, Schafehüten und Familiegründen den Auftrag gibt, nach Ägypten zum Pharao zurückzukehren, muss Mose sich einmal neu ausrichten. »Ich werde dich gebrauchen, um das Volk Israel aus Ägypten zu führen«, sagt Gott. Mose hat vierzig Jahre Rückzug und Minderwert im Kopf und fragt sich deswegen: »Wer bin ich denn schon?« (2. Mose 3,11).

Mose war als ägyptischer Prinz aufgewachsen. Als er seine tatsächliche Herkunft herausbekam und erlebte, wie die Leute aus seinem Volk auf Ägyptens Baustellen behandelt wurden, war Mose bereit, die Sache mit der Gerechtigkeit selbst in die Hand zu nehmen. Er erschlug einen Ägypter, um ihm deutlich zu machen: »Ich bin der Next-Gen-Leader – ich bin ready!« Aber daraus wurde erst mal nichts. Die Leute, denen er eigentlich helfen wollte, wollten ihn nicht als Anführer akzeptieren. Die Israeliten vertrauten ihm nicht. Also nahm Mose die Beine in die Hand.

Vierzig Jahre nach der Flucht aus Ägypten steht er nun also da und hört diesen Auftrag von Gott. Logisch, dass er sich fragt: »Wer bin *ich*, dass ich zum Pharao gehe und die Israeliten aus Ägypten führe? Ich hab's doch schon mal probiert! Und wo hat das hingeführt?«

Wenn ich die Story hier mal mit einer Frage unterbrechen darf: Was denkst du, was wird Gott darauf antworten?

Wird Gott in etwa den Psalm 139 zitieren? Pep Talk nach dem Motto: »Du bist wunderbar gemacht! Mose, ich kannte dich schon, als du noch im Leib deiner Mutter warst, ich habe einen Plan für dich! Du bist mein Werk, meine Poesie, mein Feuer, und weil du mein Werk bist, sollst du in den guten Werken wandeln, die ich für dich vorbereitet habe. Mose, du bist geliebt, du bist großartig. Mose, du bist fantastisch. Mose, du bist ein Hammertyp!«

Ja, das wäre auf jeden Fall biblisch und wir sollen uns ständig von den Zusagen Gottes erfrischen und stärken lassen! Doch Gott antwortet Mose auf seine Frage nach Identität anders. Nämlich mit einem Versprechen, was *er*, Gott, tun wird. Er sagt: »Ich will mit dir sein!«

Okay! Ist das nicht eine sehr oberflächliche Antwort auf diese tiefe Frage nach Sinn und Identität? Meine erste Reaktion darauf wäre: »Gott, das ist ja super. Aber hast du meine Frage gehört? Diese Antwort ist viel zu einfach für so eine tiefe Frage.« Nun, Gottes Antwort richtet sich nicht an die fragende Seele von Mose, sondern Gott antwortet auftragsbezogen. Für den Auftrag, den Gott Mose gibt, ist es nicht so entscheidend zu wissen, wer er selbst ist, was er kann oder was er mitbringt. Es ist schon gar nicht hilfreich, sich in Selbstzweifeln, verschleppter Scham oder verletztem Stolz zu lange aufzuhalten. Worauf es ankommt – und das liegt in der Art, wie Gott hier antwortet –, ist, wer mit ihm ist.

Wenn du jemand werden möchtet, der mutig im Glauben lebt, dann musst du dir das immer wieder bewusst machen: Wer ist der, der dich sendet? Wer hat dich beauftragt? Wer ist mit dir?

Das ist der Grund, weshalb Gott diese Frage »Wer bin ich?« so beantwortet. Denn so ist klar, dass alles, was Mose begegnen wird, niemals größer sein kann als er. Nicht, weil Mose so groß ist. Sondern weil Gott hinter ihm steht.

Eine unverschämte Gewissheit

Du denkst, du bist schwach? Der Herr sagt: »Ich bin in den Schwachen mächtig.«

Du sagst: »Ich kann das nicht!« Gott sagt: »Aber *ich* kann.«

Es ist nicht wichtig, ob du viele oder wenige Soldaten hast. Ob du wenig oder viel Geld hast, ob du alles Mögliche kannst oder nichts auf die Kette bringst. Der entscheidende Faktor ist, ob Gott mit dir ist. Hat er dich beauftragt? Bist du von ihm gesendet?

Menschen, die im Glauben leben, haben gelernt, dass man sich nicht selbstkritisch auf sich selbst fokussiert, sondern seinen Blick immer auf Gott richtet.

Woher kannst du wissen, ob du einen Auftrag von Gott bekommen hast, ob du gesendet wurdest? Die wenigsten von uns werden wie Mose damals einen brennenden Busch vor sich sehen. Das zu wissen, wird eine unverschämte Glaubensgewissheit in dir entstehen lassen.

> Die Frage, auf die es ankommt, ist: Wer ist mit dir?

Wir alle kennen die allgemeinen Aufträge Gottes wie »Liebe deinen Nächsten« oder »Gehet hin in alle Welt« – das sind *Logos*-Aufträge. Das sind Aufträge, die aus dem Wort Gottes kommen und die für jeden gültig sind, der Jesus nachfolgt. Aber dann gibt es auch die ganz persönlichen Aufträge, die unser *Rhema* werden: Plötzlich spricht eine Bibelstelle genau zu uns, Gott gibt uns selbst etwas ins Herz (zum Beispiel nach Tansania zu gehen) oder wir empfangen einen Auftrag Gottes von jemandem, der ihn uns direkt weitergibt.

Wenn Gott dir einen persönlichen Auftrag gibt, wirst du es wissen, denn es entsteht eine unverschämte Glaubensgewissheit in dir. Diese Glaubensgewissheit wird unter anderem davon genährt, dass Jesus nach seiner Auferstehung zum einen persönliche Aufträge an bestimmte Menschen gegeben hat, aber auch einen allgemeinen Auftrag: »Gehet hin in alle Welt.« Um diesen Auftrag zu erfüllen, hat jeder Mensch andere Gaben bekommen, die es gilt einzusetzen.

Hast du Mose vor Augen, wie er nur mit einem Stock bewaffnet im Palast des damals mächtigsten Mannes auftaucht? Eine – sagen wir mal – durchwachsene Geschichte verbindet ihn mit diesem Mann. Und er konfrontiert die Ungerechtigkeit in der Regierung des Pharao. Er stellt seine Magier bloß und kündigt Gericht an – das auch eintrifft! Wieder und wieder.

Diese Kühnheit, im Glauben zu gehen, kommt daher, weil Mose weiß, dass er nicht alleine dasteht. Er ist Gesandter. Sein Part ist die Botschaft, das Hinstehen, das Glauben. Gottes Part ist die Macht, die Durchführung, das Erreichen des Auftrags.

Es bewegt mich zu sehen, dass Gott diesen Auftrag von Mose genauso owned wie Mose selbst. Als er ihm den Auftrag übergibt, fügt Gott noch dazu:

> *Ich* weiß aber, dass der König von Ägypten euch nicht ziehen lässt, es sei denn, er wird mit Gewalt dazu gezwungen. Deshalb will *ich* meine Hand ausstrecken und die Ägypter strafen, indem *ich* unter ihnen Wunder tue. Daraufhin wird er euch schließlich ziehen lassen. Und *ich* werde dafür sorgen, dass die Ägypter euch wohlgesinnt sind. Ihr werdet nicht mit leeren Händen fortgehen. Jede israelitische Frau soll sich von ihrer Nachbarin und ihrer Mitbewohnerin silbernen und goldenen Schmuck und schöne Kleider geben lassen. Diese sollt ihr dann euren Söhnen und Töchtern anziehen. So werdet ihr die Ägypter ausplündern!
> *2. Mose 3,19-22*

Gott selbst ist hier der, der handelt. Er weiß schon im Voraus, was passieren wird. Und er hat absolut alles im Griff.

Leute, die kühn im Glauben losziehen und Dinge anpacken, die es bisher nie gegeben hat, kennen ihren Gott. Sie wissen, dass er der ist, der die Fäden zieht – niemand sonst.

Weißt du, dass du von Gott beauftragt und gesendet bist?

Dann kann ich dir zusagen: Wenn du in deiner Sendung läufst und vor einem Meer stehst und denkst: »Das war es jetzt, wir werden ertrinken«, wird Gott eingreifen und das Meer teilen. Wenn du vor einer Feuerwand stehst, musst du keine Angst haben zu verbrennen, Gott wird dafür sorgen, dass du sicher bist, weil er mit dir ist. In solchen Momenten, in denen du vor der Herausforderung stehst, ist es unwichtig, wer *du* bist. Die viel wichtigere Frage ist: Wer ist mit dir? Denn du selbst kannst dich nicht retten, weder vor dem Wasser noch im Feuer. In solchen Momenten sind deine Weisheit und dein toller Charakter am Ende und alles, was dir noch helfen kann, ist Gott. Das ist das Geheimnis von erfolgreicher Nachfolge: dass Gott mit uns ist! Denn er öffnet für uns Türen, er bahnt uns einen Weg.

Allerdings macht Gott das nicht schon im Vorfeld. Alle zwanzig Türen, die du brauchst, sind nicht schon offen und du läufst einfach durch. Nein, du gehst durch die erste Türe und dann öffnet sich die nächste. Wenn du darauf wartest, dass alle Türen schon offen sind, bevor du gehst, kannst du dich auch wieder hinsetzen. So funktioniert das Leben im Glauben nicht. Die Türen öffnen sich Tür für Tür, während du dich bewegst.

In dem Sendschreiben an Philadelphia ermutigt Jesus die Gemeinde mit dieser Realität: »Ich weiß alles, was du tust, und ich habe eine Tür für dich geöffnet, die niemand schließen kann; denn du bist nicht stark, aber hast an meinem Wort festgehalten und meinen Namen nicht verleugnet« (Offenbarung 3,8). Achtung! Das bedeutet, wenn du selbst die Türen eintrittst, musst du auch selbst schauen, dass sie offen bleiben. Manchmal sehe ich Leiter, die sich selbst eine Türe nach der anderen öffnen. Und jeder, der in ihrer Nähe ist, muss vor ihnen Angst haben, weil diese Leiter ihr Revier verteidigen müssen. Sie gehen nicht deshalb los, weil Gott es so vorbereitet und sie gesendet hat. Sie »halten sich nicht an seinem Wort fest«, sondern haben ganz eigene Motive. Sie haben sich selbst eingesetzt. Das ist das Anstrengendste, das es gibt, und das Gegenteil von einem Leben im Glauben. Gott ist zwar immer da, auch wenn du deine eigenen Pläne versuchst umzusetzen. Aber wer so geht, erlebt nicht, dass Gott derjenige ist, der die Türen öffnet, und muss deshalb alles in eigener Kraft tun. Aber wenn Gott mit dir ist, gehen zur richtigen Zeit die Türen auf, und du musst einfach nur gehen. Glaubst du nicht? Du wirst es nur herausfinden, wenn du es ausprobierst.

Auch wenn Gott mit dir ist, wirst du in Situationen geraten, in denen du selbst nichts ausrichten kannst. Aber das ist der Unterschied: Gott wird dir sagen: »Einen hab ich noch!«, und er wird dich durchtragen. Egal, was kommt, Krankheit, finanzielle Enge, Kritik, Hass, Ablehnung, Dämonen – in allen, die Jesus nachfolgen und die vom Heiligen Geist erfüllt sind, lebt etwas, das man in der Werbung als »unkaputtbar« bezeichnen würde.

In dir ist etwas, das dich immer wieder aufrichtet, so wie bei einem Stehaufmännchen. Egal, was dich zu Boden drückt – Gott richtet dich wieder auf. Egal, wie oft, egal, wie lange du am Boden bist. Gott richtet dich wieder auf.

Das ist der Stoff, aus dem Leute gestrickt sind, die glauben.

7

Wer glaubt, gewinnt

Beschäftigen wir uns jetzt damit, was dich motiviert, die Risiken zu wagen, die es braucht, um dieser eine Typ zu sein, der den ersten Schritt im Glauben geht. Denn: Glaube = Risiko!

Eine starke Motivation ist, dass wir gewinnen wollen. Stimmt's? Wir wollen am liebsten auf der Siegerseite stehen, dem Team angehören, das am Ende auf dem Medaillentreppchen steht. Mich motiviert das zumindest. Und den Apostel Paulus hat das auch ganz genauso motiviert. Er schreibt an die Kirche in Korinth, die er mitgegründet hatte:

> Ihr wisst doch, wie es ist, wenn in einem Stadion ein Wettlauf stattfindet: Viele nehmen daran teil, aber nur einer bekommt den Siegespreis. Macht es wie der siegreiche Athlet: Lauft so, dass ihr den Preis bekommt! Jeder, der an einem Wettkampf teilnehmen will, unterwirft sich einer strengen Disziplin. Die Athleten tun es für einen Siegeskranz, der bald wieder verwelkt. Unser Siegeskranz hingegen ist unvergänglich. Für mich gibt es daher nur eins: Ich laufe wie ein Läufer, der das Ziel nicht aus den Augen verliert, und kämpfe wie ein Boxer, dessen Schläge nicht ins Leere gehen. Ich führe einen harten Kampf gegen mich selbst, als wäre mein Körper ein Sklave, dem ich meinen Willen aufzwinge. Denn ich möchte nicht anderen predigen und dann als einer dastehen, der sich selbst nicht an das hält, was er sagt.
>
> *1. Korinther 9,24-27; NGÜ*

Was heißt es für Menschen, die im Königreich Gottes leben, ein Gewinner zu sein? Wenn wir dem folgen, was Paulus hier sagt, dann: die Disziplin, dass wir mit unserem Körper das ausleben, wozu uns Jesus befreit hat. Ein heiliges Leben.

Die schwierigste Person, die ich leiten muss, um zu gewinnen, bin ich selbst. Und ich behaupte sogar: Wenn ich mich selbst leiten kann, dann kann ich auch andere leiten. Paulus hatte eine sehr große Selbstdisziplin. Und er hat eine sehr große Zahl von Gemeinden gegründet, Menschen getauft und jüngere Nachfolger angeleitet. Timotheus zum Beispiel.

Wenn wir uns also nicht selbst leiten können, sind wir Verlierer. Ich weiß, das ist provokant gesagt. Aber ich bitte dich, das einfach mal so auszuhalten.

Natürlich sind wir durch Jesus Christus Gewinner. Er hat alles gegeben und wir haben alles bekommen und sind mit ihm bereits Sieger. Aber nur weil wir per se Sieger sind, haben wir noch lange nicht die Haltung eines Siegers und leben als Sieger. Deshalb möchte ich tiefer in diesen Gedanken eintauchen.

Was macht uns zu Gewinnern? Was zeichnet Menschen aus, die glauben und siegen?

Gewinner kennen sich selbst – radikal

Sich selbst zu leiten ist, wie einen Sack Flöhe zu hüten. Denn es springen ohne Pause unglaublich viele Gedanken durch unseren Kopf. Diese Gedanken produzieren auch Gefühle. Das zu sortieren, benötigt unglaublich viel Zeit.

Hier mal ein Vorschlag, wenn du deine Gedanken in eine Art Ablage sortieren möchtest:

- Einen Ordner für Gedanken von Gott
- Einen Ordner für Gedanken von dir selbst
- Einen Ordner für Gedanken vom Feind
- Einen Ordner für alle Gedanken, bei denen du dir noch nicht sicher bist

---

Du bist die wichtigste Person im Universum! Und damit stimme ich nicht in die derzeitige »Me-Generation« ein und sage, dass dich deine Ich-meiner-mir-mich-Egoismen leiten sollen. Denn gleichzeitig bist du auch wieder gar nicht so wichtig.

Aber in deinem »Universum« bist *du* die wichtigste Person. Ohne dich gäbe es dieses Universum nicht – dein Leben, deine Sicht aufs Leben, dein Potenzial und dich als Gegenüber für Gott. Deine Persönlichkeit beinhaltet Stärken und Schwächen. Zu wissen, was du kannst und was nicht, ist beides entscheidend. Manche Leute sind ihr ganzen Leben damit beschäftigt, ihre Schwächen auszubügeln. Damit meine ich nicht Sünde oder Schuld zu überwinden, sondern den Versuch, ausgleichen, was Gott ihnen nicht gegeben hat. Sie versuchen durchschnittlich in dem zu werden, was sie nicht können, statt überragend in dem, was sie können. Wenn man nicht intrinsisch – also von innen her, aus eigenem Antrieb – motiviert ist, kann man in einer Sache nicht gut werden. Das ist wichtig zu akzeptieren: Du hast Begrenzungen! Es genügt, in dem, was du nicht kannst, ausreichend zu sein.

Um im Glauben ein Gewinner zu sein, musst du dazu stehen können, dass du nicht alles kannst und nicht alles hast. Authentizität ist wichtig für dich selbst und für andere. Du wirst echt und die anderen nehmen dir ab, was und wer du bist, weil sie merken, dass du kein Showmaker bist. Das erspart dir eine Menge Ärger mit deiner eigenen Seele.

Es gibt noch etwas, was dich ausmacht: Das sind deine »Monster«. So nennen wir das in meiner Kleingruppe. Die Bibel bezeichnet das als »das Fleisch« oder die »gottlose Natur« eines Menschen. Gemeint sind nicht die Dinge, über die du bereits gebetet und die du abgegeben hast. »Monster« fühlen sich durch den Erfolg von anderen bedroht. Sie ängstigen sich aufgrund von Komplexen in dir und urteilen darüber, wie Menschen sich geben oder agieren. Meistens haben sie das Ziel, dass du dich auf Kosten von anderen besser fühlst. Verletzungen aus deiner Vergangenheit triggern sie. Deine Biografie hat dich zu dem gemacht, wer du bist. Und es ist egal, ob du eine großartige Biografie hast oder ob du durch schwierige Zeiten gegangen bist. Es ist egal, wie gut oder schlecht deine Eltern waren, sie machen deine Lebensgeschichte aus und prägen auch deine »Monster«. Worauf reagierst du immer mit Ärger? Was löst Neid in dir aus? Warum kommt in bestimmten Situationen immer Scham in dir hoch? All das hat mit deiner Prägung zu tun.

Es gibt in der Bibel eine sehr hilfreiche Übersicht über diese »Monster«. Im Galaterbrief wird erklärt, warum sie uns davon abhalten, im Glauben als Gewinner zu leben:

> Was will ich damit sagen? Lasst den Geist Gottes euer Verhalten bestimmen, dann werdet ihr nicht mehr den Begierden eurer eigenen Natur nachgeben. Denn die menschliche Natur richtet sich mit ihrem Begehren gegen den Geist Gottes, und der Geist Gottes richtet sich mit seinem Begehren gegen die menschliche Natur. Die beiden liegen im Streit miteinander, und jede Seite will verhindern, dass ihr das tut, wozu die andere Seite euch drängt. Wenn ihr euch jedoch vom Geist Gottes führen lasst, steht ihr nicht mehr unter der Herrschaft des Gesetzes. Im Übrigen ist klar ersichtlich, was die Auswirkungen sind, wenn man sich von der eigenen Natur beherrschen lässt: sexuelle

Unmoral, Schamlosigkeit, Ausschweifung, Götzendienst, okkulte Praktiken, Feindseligkeiten, Streit, Eifersucht, Wutausbrüche, Rechthaberei, Zerwürfnisse, Spaltungen, Neid, Trunkenheit, Fressgier und noch vieles andere, was genauso verwerflich ist.
Galater 5,16-21; NGÜ

Nicht jeder hat die gleichen Monster. Mit welchen kämpfst du? Dein Leben hat dich zu dem gemacht, wer du bist, und dein Leben wird immer ein Teil von dir sein. Auch wenn du schon alles verarbeitet hast und Jesus dich aus allem Alten herausgerettet hat, ein Anteil deiner Prägung bleibt. Die Neigung in deinem Charakter, wo ein »Monster« leicht zuschlägt, bleibt auch. Gutes bleibt. Und Schlechtes bleibt. Deshalb ist es wichtig zu wissen, wer deine Monster sind und wie sie heißen. Das gibt dir Sieg in deiner Nachfolge und in deiner Leiterschaft. Denn du weißt, wo deine Gefühle und Gedanken herkommen.

Wie oft habe ich erlebt, dass eine theologische Diskussion von »Monstern« gesteuert war. Eine von Monstern gesteuerte Diskussion kann nicht gut ausgehen. Der Antrieb ist falsch. Oft kommt jemand mit einer theologischen Frage, um einen anderen infrage zu stellen. Das heißt, es geht gar nicht mehr um die sachliche Ebene, sondern um das »Monster«. Bei solchen Gesprächen gibt es nur Verlierer.

Wenn du mit dir selbst nicht im Reinen bist und dich nicht damit zufriedengeben kannst, dass du Begrenzungen und Schwächen hast, dann wirst du auch nicht mit anderen im Reinen sein können. Irgendetwas wird dich immer stören, weil es bei dir selbst noch nicht verarbeitet ist. Gewinner stehen zu diesen Monstern. Sie nennen sie beim Namen, und wenn sie merken, dass diese Monster hochkommen, feiern sie keine Party mit ihnen, sondern gehen ins Gebet und schicken sie fort. Die Bibel sagt: »Deshalb haltet daran fest: Ihr seid für die Sünde tot und lebt nun durch Christus Jesus für Gott! Lasst nicht die Sünde euer Leben beherrschen; gebt ihrem Drängen nicht nach« (Römer 6,11-12). Meine Monster heißen nicht Schmusekätzchen oder Kuschelmäuschen. Es ist egal, wie du sie bezeichnest, aber du musst wissen: Solche »Monster« werden immer Teil deines Lebens sein. Wenn du sie kennst, kannst du sie auch entlarven. Und vergiss nicht: Gott arbeitet grundsätzlich mit unvollkommenen Menschen, denn in seiner Kraft können wir unsere Schwächen und Monster überwinden!

Gewinner wissen, wann sie gewonnen haben

Gewinner – Menschen, die sich selbst leiten können – kennen ihr »Win«. Gewinner wissen, wann sie gewonnen haben. Mein »Win« kann ich in einem Leitsatz für mein Leben zusammenfassen: So viele Menschen wie möglich in meiner begrenzten Lebenszeit mit Jesus Christus bekannt machen – das ist mein Ziel. Das ist, was Gott von mir will, dafür lebe ich.

Dieser Satz stammt von Kathryn Kuhlman. Sie hat von 1907 bis 1976 gelebt und war eine US-amerikanische Evangelistin. Diese Aussage von ihr hat mich voll inspiriert und ist zu meinem Lebensmotto geworden. Sie drückt exakt das aus, was Gott auf mein Herz gelegt hat. Als Werkzeug, um dieses Ziel zu erreichen, entwickle ich mit anderen zusammen Gemeinden, die sich wiederum weiterentwickeln und wachsen. Gemeinden, die sich multiplizieren. Denn ich weiß, dass sich so die Reichweite erheblich erhöht. Aus meinem Umfeld kann ich nicht mehr so viele Leute evangelisieren – die meisten meiner Familie sind gläubig, ein paar wenige sind noch übrig. Dann gibt's noch den Nachbarn und Einzelne, die ich irgendwo treffe – aber das ist ja begrenzt. Deshalb unterstütze ich bzw. unsere Kirche sich entwickelnde Kirchen. Wir wollen lokalen Kirchen dienen, in denen Jesus anfassbar wird. Denn das ist und bleibt die Hoffnung der Welt. Ebenso gründen wir neue Standorte und investieren uns dort.

In meinem geistlichen Tagebuch habe ich mal meine Multiplikationslinie festgehalten – Jünger gewonnen, Kirchen gegründet, Kirchen gedient beim Wachsen ... Das hat mich in meinem »Win« sehr ermutigt. Ein wenig erinnert es mich an Abraham, du erinnerst dich? Die Sterne und der Sand ... Menschen mit Jesus Christus bekannt machen – das passiert dauernd, wo ich bin. Ich würde nicht sagen, dass ich das besonders gut kann. Aber Gott tut das durch mich, es ereignet sich einfach. Weil ich mein Win kenne, werde ich immer daran mitarbeiten, dass neue Gemeinden und Standorte entstehen.

Für mich ist dabei entscheidend: Ich muss nicht der Beste sein, ich muss keine Erwartungen erfüllen, ich muss nicht jeden glücklich machen. Denn ich habe ein Ziel, nämlich die Mission meines Lebens, so gut ich kann, mit der Hilfe Gottes zu erfüllen. Je mehr ich mein Win kenne und lebe, desto immuner werde ich gegenüber Menschen, die von mir etwas Bestimmtes erwarten, die etwas anderes von mir möchten, die mir Tipps geben, wie etwas noch besser werden könnte. Wenn solche Tipps das Motiv haben, dass ich zum Beispiel der beste Bibellehrer werden soll, dann weiß ich, das entspricht nicht meiner Berufung. Ich lasse mich dann auch von meinen »Monstern« nicht ablenken oder von meinem Weg abbringen. Ich kenne meine Begrenzungen, weiß, was ich nicht habe. Immer wieder höre ich mir selbst die eine oder andere Bibellehre an, um gewisse Dinge besser zu verstehen. Doch meine Konzentration und meine Energie stecke ich in das, was Gott von mir will. Deshalb bin ich auch nicht in der Seelsorge tätig. Nicht, weil ich kein Hirtenherz habe oder weil ich denke, es ist nicht wichtig. Sondern weil ich mich nicht verzetteln möchte und wir viel geeignetere Leute haben, deren Berufung Seelsorge ist.

Es irritiert mich nicht mehr, wenn Menschen mir sagen, was ich alles nicht gut kann, denn ich habe einen anderen Fokus. Dieser Fokus bewahrt mich davor, ein Hampelmann zu sein. Der Einzige, der an der Schnur ziehen darf, damit sich Arme und Beine bewegen, ist Gott. Es gibt so viele geistliche Torhüter, die depressiv sind, weil ihre Mannschaft keine geistlichen Tore schießt. Wenn sie sich darauf fokussieren würden, dass sie die Position und den Auftrag haben, Gegentore zu verhindern, würde es ihnen besser gehen. Sie sind die Besten darin zu verhindern, dass ihre Mannschaft verliert – so wurde schon manches Spiel gewonnen. Wie schnell passiert es, dass man andere sieht, die in großer Exzellenz etwas für das Königreich tun, und sich denkt: »Warum mache ich so was nicht?« Wir vergessen dabei, dass wir als Menschen, die in ihrer göttlichen Bestimmung und Berufung leben, nur gemeinsam die Welt verändern – weil jeder das tut, was Gott ihm gegeben hat. Und anderes lässt.

Dein Win zu kennen bedeutet, zu vielem Nein zu sagen.

Gewinner messen sich am Ziel, Verlierer messen sich mit anderen

Gewinner setzen ihren Fokus aufs Gewinnen, Verlierer setzen ihren Fokus auf Gewinner.

Das ist der heutige Zeitgeist: sich mit anderen zu vergleichen und unzufrieden mit dem zu sein, wer man selbst ist. Weißt du, wie viele Leute mich doof finden? Nicht, weil ich für Werder Bremen bin, sondern weil ich Seniorpastor einer großen Gemeinde bin. Ehrlich gesagt, genau da war ich auch schon. Ich weiß, wie sich Minderwert anfühlt, und ich kenne Neid. Deshalb habe ich gelernt, so zu leben, dass ich glaube, was Gott sagt, und gewinne. Ich habe gelernt, alles abzulegen, was mich hindert, ans Ziel zu kommen. Und Vergleichen ist eine gefährliche Fessel! Vergleichen ist ein Monster, das nicht nur Pastoren betrifft. Es lebt bei Männern und Frauen, und selbst kleine Kinder kennen es. Es wütet in allen Bereichen – in der Nachbarschaft, im Beruf, im Kindergarten, in der Elternschaft in der Schule, in der Kirche. Es ist ein Monster mit einer unstillbaren Gier, das niemals satt wird.

Vorbilder, die dich inspirieren, sind super! Mentoren, die dir helfen, voranzukommen, sind absolut notwendig! Ja, such dir geistliche Väter und Mütter – so viele du brauchst. Aber Menschen, die du nur bewunderst und über die du denkst: »Wäre ich mal so wie die«, sind nicht hilfreich.

> **Das Vergleichen ist das Ende des Glücks und der Anfang der Unzufriedenheit.**
> *Søren Kierkegaard*

Wer will schon verlieren? Wenn du deine Berufung und dein Werkzeug kennst, dann musst du deine Schwächen nicht übertünchen – denn gerade in den Schwachen ist der Herr stark. Wenn du deine Berufung und dein Werkzeug kennst, dann setzt du alles dafür ein, ans Ziel zu kommen. Dann ist es dir egal, was andere darüber denken. Dann ist es nur noch entscheidend, was einer über dich denkt: Gott.

Es ist ein großer Unterschied, ob Menschen sich äußern, die nur von dir glücklich gemacht werden wollen, oder ob sie in deinem Team sind und ans gleiche Ziel wollen. Selbst in deinem Team kann es sein, dass Meinungen von Monstern getriggert sind – nur du selbst wirst wissen, welche Kritik dich in der Erfüllung deiner Berufung voranbringt und welche dich stoppt. Rechenschaft musst du am Ende nur vor einem ablegen. Er ist wichtiger und größer als du, er weiß genau, welche Talente er dir gegeben hat. Wenn deine Gottesfrucht und dein Respekt größer sind als deine Menschfurcht, dann bist du auf dem richtigen Weg.

Gottesfurcht – kein einfaches Wort. Aber sie ist dein Schutz. Sie hält dich im Lauf auf das Ziel ausgerichtet! Gott zu fürchten heißt, dass du gelernt hast, dir zu Herzen zu nehmen, was Gott sagt. Dass du weißt, du gewinnst nur, wenn du deine eigenen Ziele nicht vom Applaus der Menschen oder von deinem eigenen Wohlbefinden abhängig machst. Dass du weißt, du gewinnst, wenn du in allen Dingen auf Gott und sein Herz und seine Prioritäten ausgerichtet bist.

Wer sich vergleicht, hat schon verloren.

Da ist es nicht damit getan, das einmal klarzustellen. Der Lauf zum Ziel ist in der Realität wie ein großer Garten – es gibt Tage, da ist alles Unkraut gezupft und du kannst dich darüber freuen. Und dann kommt der Regen und du wachst am nächsten Tag auf und fragst dich, wo das Unkraut so schnell hergekommen ist. Man muss dranbleiben – Unkraut vergeht nicht, wie ein Sprichwort sagt. Monster auch nicht. Es gibt Zeiten, in denen sie schlafen, aber meist werden sie mit neuer Energie wach und schleichen sich in deinen Garten. Sie ernähren sich vom Unkraut. Wenn du sie dann sofort erkennst, haben sie kein leichtes Spiel mit dir. Es gibt Tage, an denen ich mich frage, wer all das Unkraut in meine Seele gesät hat, und es macht mich wütend. Deshalb brauche ich meine Zeit mit Jesus, deswegen brauche ich meine Kleingruppe und Korrektur. Ich brauche Ermutigung, ich brauche andere Menschen um mich herum. Ich habe es nicht im Griff, dass ich ganz allein mit Jesus und sonst niemandem ans Ziel komme. Ich brauche mein Team, meinen inneren Kreis und auch geistliche Eindrücke von außen, die mich auf Spur halten.

Woher weißt du, welche Menschen lebensnotwendig sind für deinen Lauf, auf wen du hören und welche Kritik du ernst nehmen solltest und welche Menschen dich von diesem Ziel abbringen? Indem du dir Zeit nimmst und das mit Gott besprichst. Indem du dich selbst kennenlernst und merkst: Was ist gerade die Motivation bei mir und beim anderen, auf diesen Rat einzugehen oder diesen Vorschlag zu machen?

Vor vielen Jahren wollte ein großartiges europäisches Schuhunternehmen seinen internationalen Markt ausweiten. Die Geschäftsführung beschloss, zwei der besten Mitarbeiter nach Australien zu schicken. Jeder sollte feststellen, welche Möglichkeiten bestanden, dort Schuhe zu verkaufen. Sie wurden dafür in verschiedene Gegenden Australiens geschickt, um herauszufinden, ob es bei den Ureinwohnern Australiens einen Markt für Schuhe gibt. Nach vier Wochen Aufenthalt, jeder in seinem Gebiet, sendeten sie ein Telegramm – sozusagen das damalige WhatsApp – an die Geschäftsführung.

Der Erste schrieb: »Es ist unmöglich, hier Schuhe zu verkaufen, denn alle Menschen gehen barfuß.«

Der Zweite schrieb: »Hier können wir eine Unmenge an Schuhen verkaufen, denn alle Menschen gehen barfuß.«

Beide haben dasselbe gesehen, sind aber zu unterschiedlichen Einschätzungen gekommen.

Wir sind ein Deutschland der Postmoderne – 98 Prozent aller Deutschen haben keine lebendige Beziehung zu Jesus. Man könnte zu dem Schluss kommen: Es ist unmöglich, dass hier das Reich Gottes gebaut wird. Oder: Es ist ein Land, das uns die Chance gibt,

98 Prozent der Menschen unserem Herrn vorzustellen und sie mit der Liebe Gottes zu erreichen! Das ist mein Win!

7 000 Städte ohne Gemeinde – ist das nicht ein enormes Potenzial? Ich war mal in Nigeria. Dort gibt es nicht mehr die Vision, in jeder Stadt eine Gemeinde zu haben, denn so ist es dort schon. Selbst in jedem Stadtteil gibt es bereits eine Gemeinde. Deshalb gab es vor Kurzem eine neue Missionsvision in Nigeria, die hieß: An jeder Bushaltestelle eine Gemeinde. Das ist stark!

Und genau deshalb liebe ich Deutschland! Hier gibt es noch viel Potenzial, im Glauben loszugehen und ein Gewinner zu werden. Ich fahre durch Deutschland und sehe überall Möglichkeiten. Wir leben in der besten Zeit. *Jetzt* ist unsere Stunde!

8

Pack deine Ausreden ein

Elisa war ein Prophet in Israel. Er war derjenige, der dem großen Propheten Elia nachfolgte. Als Elia in spektakulärer Weise auf einem Feuerwagen direkt aus dem Leben in die Ewigkeit hinüberfuhr, war Elisa live dabei. Er empfing den Mantel seines Propheten-Vaters und dessen doppelte Salbung.

Die Szene, die ich mit dir jetzt genauer anschauen will, findet am Ende von Elisas Leben statt. Man könnte ja meinen, dass er auch, wie sein Vorläufer Elia, direkt in den Himmel hineinfährt. Aber das Gegenteil ist der Fall: »Und Elisa erkrankte an seiner Krankheit, an der er später starb« (2. Könige 13,14; ELB). Der Prophet ist auf der Zielgeraden seines Lebens hier auf der Erde angekommen. Die Aussage über ihn wird nicht kommentiert oder begründet. Aber ich frage mich: Warum war er krank und warum starb er an *seiner* Krankheit?

Vor dreißig Jahren habe ich daran geglaubt, dass eine solche Aussage zu einer selbsterfüllenden Prophetie wird. Dass man in dem Moment, in dem man sagt, dass es »meine Krankheit« ist, schon verloren hat. Und es erst wieder eine Trennung braucht, damit die Identifikation endet, um Heilung zu erleben.

Elisa hatte als ein Prophet des Bundes zwischen Gott und Israel das Versprechen Gottes: »Ich bin der Herr, dein Arzt!« (2. Mose 15,26). Das ist eigentlich alles, was er braucht, diese Verheißung, dass Gott ihn heilt, und es würde passieren. Aber der Mann Gottes, der schon doppelt so viele Wunder getan hat wie sein Vorgänger

Elia, ist am Ende seines Lebens, weil er eine Krankheit hat, die er nicht loswird. Schlimmer noch, er stirbt daran!

Heute weiß ich, dass es eine Spannung gibt, die es auszuhalten gilt – auf der einen Seite die generelle Zusage Gottes und auf der anderen Seite wird er nicht gesund. Und obwohl er dann auch stirbt, bleibt die Salbung auf seinen Knochen! Da ist so viel Heiliger Geist, dass ein Toter, der auf die Knochen fällt, lebendig wird. Die Salbung von Elisa weckte Tote auf – für Gnade ist das kein Problem.

Alles ist möglich ...

Um von Gott gebraucht zu werden, war Elisa in einer denkbar schlechten Ausgangsposition. Und dennoch scheint es Joasch, den König von Israel, nicht zu stören, dass Elisa krank ist. Joasch kommt zu dem kranken Propheten und sagt zu ihm: »Ich brauche deine Hilfe.« Der König sucht den Rat eines kranken Propheten. Es geht außenpolitisch mal wieder um alles! Wieder mal steht ein Vernichtungskrieg an. Der Feind: die Aramäer.

> Als Elisa bereits an der Krankheit litt, die zu seinem Tod führen sollte, besuchte ihn König Joasch von Israel und weinte um ihn. »Mein Vater! Mein Vater! Du Streitwagen und Wagenlenker Israels!«, klagte er.
> Elisa wies ihn an: »Hol einen Bogen und ein paar Pfeile.« Der König holte sie.
> Elisa befahl dem König von Israel: »Spann den Bogen!« Der König legte seine Hand an den Bogen und Elisa legte seine eigenen Hände auf die Hände des Königs.
> Dann befahl er: »Öffne das Fenster nach Osten.« Der König öffnete es.
> Schließlich sagte er: »Schieß!« Und der König schoss den Pfeil ab. Da prophezeite Elisa: »Das ist der Pfeil der Rettung des Herrn, er bringt den Sieg über Aram, denn du wirst die Aramäer bei Afek endgültig besiegen. Nun nimm

die übrigen Pfeile und schlage sie auf den Boden.« Der König nahm sie und schlug drei Mal damit auf den Boden, dann hörte er auf.
Da wurde der Mann Gottes sehr zornig mit ihm. »Du hättest fünf oder sechs Mal auf den Boden schlagen sollen!«, rief er. »Dann hättest du Aram für immer vernichtet. Nun wirst du es nur drei Mal besiegen.«
2. Könige 13,14-19

Obwohl Elisa krank ist, gibt er dem König ein prophetisches Wort und lässt ihn eine prophetische Zeichenhandlung durchführen: Er soll den Bogen und Pfeile holen. Als der König den Bogen und die Pfeile geholt hat und zum Schießen ansetzt, legt der Prophet seine Hände auf die Hände des Königs.

Spätestens in diesem Moment, als der Prophet die Hände auflegt, muss dem König bewusst geworden sein, dass das hier eine prophetische Handlung und keine Bogen-Trainingsstunde ist.

Kannst du dir vorstellen, wie der König sich gefühlt haben muss? Plötzlich wird die Situation, die vorher relativ normal gewesen ist, krass geistlich. Die Glaubensdimension kommt dazu! Obwohl der Prophet krank ist und offensichtlich an einer Stelle in seiner Glaubenskraft eine offene Lücke hat – er weiß nach wie vor, dass Gott durch ihn für Israel wirken wird. Er kennt nach wie vor seine Position und seine Salbung.

Und der König? Der hält nach dreimal Schlagen inne, statt so oft wie möglich zu schlagen. Er lässt sich nicht in allen Höhen und Tiefen auf diesen Glaubensmoment ein. Er kommt nur mit angezogener Handbremse mit. Warum – das können wir nur erahnen.

Was wir aber können: daraus lernen! Schau mal in deine aktuelle Lebenssituation: Was ist »der Pfeil« in deinem Leben, den du zur Landeinnahme und um den Sieg über einen deiner Feinde zu befestigen, abschießen sollst? Welche Pfeile hat Gott in deine Hand gelegt, um damit auf den »Boden zu schlagen«?

Gott sagt hier nicht genau, wie oft zu schlagen ist, sondern nur: »Schlag!« Kann es sein, wenn der König sich hier auf den Glaubensmoment ganz eingelassen hätte, dass er vermutlich einer der erfolgreichsten Könige Israels geworden wäre? Hängt es etwa nur an zwei Schlägen mehr? Ja, es gibt sicherlich Situationen, wo es genau darauf ankommt. Das ermutigt mich, dass ich meine Pfeile in die Hand nehme, für Deutschland, für die ganze Welt, für das Universum, für einen Taufkurs mit Aliens – ich schlage so lange, bis Gott »Stopp!« sagt. Und wenn Gott nicht Stopp sagt, bleibe ich einfach dran. Halte den Glaubensraum offen und gehe weiter. Da bin ich lieber ein spinnerter Träumer, als im Boot zu sitzen und das Pfeilchenspiel zu kommentieren.

Welche Pfeile hat Gott in deine Hand gelegt, um damit auf den »Boden zu schlagen«?

Die Geschichte geht weiter. Elisa stirbt an seiner Krankheit:

> Dann starb Elisa und wurde begraben. Jedes Jahr im Frühjahr fielen Räuber aus Moab ins Land ein. Einmal, als einige Israeliten gerade einen Mann begruben, sahen sie eine solche Räuberbande. Da warfen sie den Leichnam hastig in Elisas Grab. Doch sobald der Leichnam die Gebeine Elisas berührte, erwachte der Tote wieder zum Leben und sprang auf die Füße.
> *2. Könige 13,20-21*

Was für eine krasse Geschichte! Können die Knochen eines Mannes, der an einer Krankheit gestorben ist und nicht von Gott geheilt wurde, trotzdem noch Tote auferwecken?

Welche Ausrede hast du, dass Gott dich nicht gebrauchen kann? Kannst du nicht an Wunder glauben, weil du krank bist? Selbst

Smith Wigglesworth, ein bekannter britischer Prediger, durch den Unzählige geheilt wurden, war selbst krank, und wie wir wissen, erlebte er die größten Wunder.

Kannst du keine Kirche gründen, weil irgendwas mit deiner Biografie nicht in Ordnung ist? Oder weil du erst deine Alltags-Herausforderungen lösen möchtest?

Bist du zu alt, zu jung, zu klein, zu groß, zu dick, zu dünn, um ganz aus dem Glauben zu wirken und ein wandelndes Evangelium zu sein? Hast du die falsche Nationalität oder Hautfarbe?

»Ich bin doch schon tot« – selbst das zählt nicht, wie man hier bei Elisa sieht. Wenn Gott die Knochen eines an einer Krankheit verstorbenen, toten Mannes gebrauchen kann, dann kann er uns doch allemal gebrauchen, oder?

Die Währung des Himmels ist nicht Intelligenz, Schönheit oder Perfektion, sondern Glauben an die grenzenlosen Fähigkeiten Gottes. Selbst wenn du 85 Jahre alt bist, kannst du wie Kaleb sein und verprügelst Riesen, an die sich die jungen Leute nicht rantrauen. Und wenn du 17 Jahre alt bist wie David und siehst, dass deine älteren Brüder den Riesen nicht geknackt bekommen, dann kannst du dich auch melden und den Riesen mit nur einem Stein besiegen. Egal, wie alt du bist – solange du den Glauben hast, kann die Kraft Gottes durch dich etwas tun. Die Währung im Reich Gottes ist: »Alles ist möglich dem, der da glaubt.«

Die Währung im Reich Gottes ist: »Alles ist möglich dem, der da glaubt.«

Nimm diese Wahrheit mit in deinen Alltag: Egal, wer du bist und wie du bist – wenn Gott dir etwas sagt, dann tu es, weil du ihm glaubst. Halte nichts zurück, sondern geh einfach rein, so lange, bis er Stopp sagt. Nicht die Besten verändern die Welt, sondern die, die so verrückt sind, auf Jesus Christus zu hören, und sich dann nicht zu schade sind, alles auf diese eine Karte zu setzen.

Es gibt immer einen Weg

Schauen wir uns noch so eine scheinbar aussichtslose Situation an – und Leute, die keine Ausreden gelten lassen:

> Einige Tage später kehrte Jesus nach Kapernaum zurück. Die Nachricht von seiner Ankunft verbreitete sich schnell in der ganzen Stadt. Es dauerte nicht lange, da war das Haus, in dem er wohnte, von Besuchern überfüllt, sodass kein Einziger mehr Platz hatte, nicht einmal draußen vor der Tür. Und er verkündete ihnen Gottes Wort. Da kamen vier Männer, die einen Gelähmten auf einer Matte trugen. Es gelang ihnen nicht, durch die Menge zu Jesus vorzudringen, deshalb deckten sie das Dach über ihm ab. Dann ließen sie durch die Öffnung den Kranken auf seiner Matte hinunter. Als Jesus ihren Glauben sah, sagte er zu dem Gelähmten: »Mein Sohn, deine Sünden sind dir vergeben.«
> *Markus 2,1-5*

Hast du solche Freunde, die dich tragen und die hartnäckig genug sind, um für dich zu glauben, wenn es nötig ist?

Jesus verkündet in der Szene, die hier erzählt wird, die Botschaft vom Reich Gottes. Die Bude ist voll. Das ist der Hauptschauplatz in dieser Geschichte. Der Nebenschauplatz ist: Jemand ist gelähmt. Das bedeutete zur damaligen Zeit: Dieser Mann hatte keine finanzielle Versorgung. Keine Sozialhilfe, kein Bürgergeld, kein Hartz IV, kein Arbeitslosengeld – er war also nicht nur gesundheitlich gehandicapt, sondern hatte auch keine finanzielle Basis, um irgendwie zu überleben. Vielleicht hatte er eine Familie, ein Netzwerk, die ihn mitversorgten. Das kann sein. Ansonsten war das Einzige, was er tun konnte: betteln. Seine einzige Chance, wenigstens ein bisschen Einkommen zu haben. Das macht was mit der Seele eines Menschen – gelähmt zu sein ist schon herausfordernd genug und dann auch noch komplett am Rand der Gesellschaft und abhängig vom Wohlwollen anderer Menschen zu sein. Welch eine Katastrophe! Kannst du dir vorstellen, was in ihm vorging – chancenlos zu sein? Er selbst konnte nichts ändern. Er war stets auf andere angewiesen. Er hatte allen Grund, aufzugeben und keine Vision für sein Leben zu haben.

Aber dieser Lahme hatte etwas, was ihm einen entscheidenden Vorteil verschaffte: Er hatte Freunde! Wir erfahren nicht, ob er diese Freunde schon vor seiner Lähmung gehabt hat oder ob sie erst während der Lähmung zu Freunden wurden. Dieser Mann hatte vier Freunde. Das waren Leute, die sich ihm ganz offensichtlich im Herzen zugewandt hatten. Fünf Männer, für die klar war: »Wir gehören zusammen und lassen uns nicht auseinanderdividieren, auch nicht durch Krankheit.« Allein das ist schon ein großes Geschenk Gottes. Diese Männer waren an seiner Seite und als sie davon hörten, dass Jesus in der Nähe war, nutzten sie ihre Chance, um in die Realität umzusetzen, was sie glaubten. Alles, was der Gelähmte ihnen eventuell noch entgegensetzte, war ihnen nicht wichtig – sie wollten das mit Jesus klären.

Was ist das Zentrum deiner Beziehungen und was löst aus, dass deine Beziehungen auseinanderlaufen? Weder die Krankheit noch die Frage »Warum ist der eigentlich gelähmt?« brachte diese Freunde auseinander. Es gab damals immer irgendeinen Spezialisten, der diese Lähmung damit in Zusammenhang brachte, dass der Gelähmte oder seine Eltern irgendetwas falsch gemacht haben mussten. Die Freunde haben aber nicht erlaubt, dass die Bewertung der Lähmung sie auseinanderbrachte. Wie großartig ist es, Freunde zu haben, die wichtige Fragen zwar kennen, die diese Fragen aber als zweitrangig einstufen, wenn es um den Wert der Freundschaft geht. Wie viele Freundschaften sind schon gescheitert, weil solche Fragen als erstrangig eingestuft wurden! Oder weil es unterschiedliche Auffassungen zu einer zweitrangigen Sache gab. Ich würde sogar so weit gehen, zu sagen: Das sind keine wirklich tragfähigen Freundschaften. Dafür ist das Leben zu komplex.

Menschen sind unterschiedlich. Meine Freundschaft mit meiner Frau führt nicht automatisch dazu, dass wir dieselbe Meinung haben. Meine Frau und ich haben über einige Punkte extrem unterschiedliche Meinungen. Unser Zusammenhalt besteht dadurch, dass wir einander lieben. Ich liebe meine Frau nicht, weil sie so ist wie ich, sondern weil sie anders ist als ich. Das ist die Ergänzung. Unsere Freundschaften sind keine Diktatur: *Wenn du nicht meiner Meinung bist, dann bin ich nicht mehr dein Freund…* Das ist Kinderkram und eigentlich eine Katastrophe! Keine Freundschaft hält den Druck von Manipulation aus.

So ist das auch im Leib Jesu: Die Kirche lebt nicht davon, dass alle eine Meinung haben. Uns verbindet, dass Jesus Christus die Mitte unseres Lebens ist. Nicht, dass wir alle gleich denken und fühlen. Außerdem verbindet uns, dass wir Menschen um uns haben, die sich nicht einfach so wegen einer Meinungsverschiedenheit von uns trennen lassen! So wie diese fünf Freunde: Einer von ihnen geht durch eine fürchterliche Gesundheitskrise, die anderen vier stehen mit ihm. Die Verbundenheit lässt sie kreativ werden: »Wir kennen die Lösung für dieses Problem!« Die Lösung ist eine Person, kein System und keine Ideologie – die Lösung ist Jesus Christus! Also sagen die vier Gesunden zu ihrem kranken Freund: »Allein bekommst du das nicht gebacken, aber wir bringen dich zu Jesus.«

Uns verbindet, dass Jesus Christus die Mitte unseres Lebens ist.

Wir wissen nicht, wie weit sie von Jesus entfernt waren, als sie losgingen – zehn oder zwanzig Kilometer, nur vier? In einem Land, in dem es sehr heiß ist, sind vier Kilometer Fußmarsch schon eine Leistung für jemanden, der allein ohne Gepäck und nur mit einer Flasche Wasser unterwegs ist. Zu viert einen Menschen über vier Kilometer zu tragen, das ist eine enorme Leistung. Da kriegste Rücken. Aber diesen vier Männern hat das nichts ausgemacht, das war ihnen ihre Freundschaft wert. Sie wussten, sie waren nicht die Lösung. Aber sie trugen den Freund zu Jesus.

Hast du Freunde, die dich zu Jesus tragen, wenn du im Leben herausgefordert bist? Bist du ein Freund, der andere zu Jesus trägt? Gemeinschaft lebt immer von Geben und Nehmen – mal wirst du getragen, manchmal musst du tragen. Davon lebt die Kirche, egal, wie sie es nennt. Kleingruppe, Connect-Gruppe, Hauskreis, Freundschaftstreffen – es ist egal, wie es heißt. Das sind Gemeinschaften, die mehr voneinander wissen, die ihr Leben miteinander teilen und sich im Gebet und mit Rat und Tat unterstützen. Eine gesunde Kirche hat solche Orte, an denen Freundschaften mit Menschen entstehen, die zueinanderstehen und durch dick und dünn miteinander gehen. Das ist nicht alles, was Kirche ausmacht, aber das ist ein gutes Fundament, auf das alles andere aufgebaut werden kann.

> Wie schön und wie wunderbar ist es, wenn Brüder einträchtig zusammenleben! Das ist so kostbar wie das duftende Salböl, das Aaron über das Haupt gegossen wurde, das hinabrann in seinen Bart, an seinem Körper hinunter bis zum Saum seines Gewandes. Es ist so erfrischend wie der Tau vom Berg Hermon, der auf die Berge Zions fällt. Denn dort verheißt der Herr seinen Segen und Leben, das niemals enden wird.
> *Psalm 133*

In meiner Kleingruppe ist ein Freund, der auch ein Kollege ist. Er isst keine Schokolade und trinkt keinen Wein, auch keinen Kaffee. Ich frage mich: Wie kann man Kirche ohne guten Kaffee bauen? Jetzt hat er sogar aufgehört, Tee zu trinken! Ich als Ostfriese bin auch da ganz anderer Meinung – ich hatte ihn ursprünglich zum richtigen Tee konvertiert. Jetzt hat er mir seine restlichen drei Pakete gegeben. Er mag auch keinen Fußball. Er hatte mal VIP-Karten fürs Westfalenstadion und hat mir während eines megacoolen Spiels eine Nachricht getextet: »Mir ist so langweilig!« »Gib mir doch die Karte«, dachte ich sofort! Es liegen Welten zwischen seiner und meiner Auffassung über gewisse gesundheitliche Fragen. Aber was auch immer passiert, wir halten zusammen. Denn wir lieben das Reich Gottes und wir lieben einander. Wir wollen, dass die Kirche von Jesus sich ausbreitet.

Als ich einmal in einer kriegsähnlichen Situation festsaß, war er der Erste, den ich über meine Frau gebeten habe, mich da rauszuholen. Deshalb ermutige ich jeden Leiter: Lasst uns Systeme bauen, in denen Herzen zueinanderfinden. Systeme, in denen nicht die erste Frage ist, ob jemand recht hat, sondern in denen es darum geht, einander lieb zu haben. Lasst uns Gruppen in der Kirche bauen, in denen die Liebe untereinander die Nummer 1 ist! Wo ist dein Hafen? Ja, Jesus sollte unser Hafen sein, aber manchmal müssen uns Menschen zu diesem Hafen Jesus tragen.

Konzentriere dich nicht auf den Sturm, sondern auf den Hafen. Du brauchst in kritischen Momenten Menschen, die dir helfen. Deshalb sind kleinere, intimere Gruppen in einer Kirche keine Option. Sie sind ein Must-have! Jeder von uns hat Phasen im Leben, in denen er auf die Unterstützung anderer angewiesen ist. Das teilt man nicht in der großen Runde, da braucht es Freunde, Menschen, die sich kennen und die zusammenhalten. Es gibt keinen, der niemals herausgefordert wird, egal, wie lange er schon mit Jesus unterwegs ist. Wir alle kommen in Phasen, in denen wir Gott und das Leben nicht verstehen, in denen wir die Kirche hinterfragen, in denen Fragen aufgeworfen werden, mit denen wir alleine nicht fertigwerden. In solchen Zeiten dürfen wir in einem kleinen Kreis zur Ruhe kommen, in dem alle Fragen offen diskutiert werden dürfen. Und wenn niemand eine Lösung kennt, wo man gemeinsam diese Fragen zu Jesus bringt.

Ausweglos?

Zurück zur Geschichte: Das Haus und der Platz waren packed. Es gab kein Reinkommen für die fünf Freunde. Diese Gemeinschaft, in der Jesus gerade predigte, hatte anscheinend auch keine gute Willkommenskultur. Da gab es niemanden, der sah, dass die fünf Freunde Jesus gerade mehr brauchten als die anderen. Da machte niemand Platz für sie. Natürlich ist Erweckung großartig, aber sie kann auch ziemlich egoistisch sein. Alle wollen ganz nah dran sein und dann verliert man schnell andere aus dem Blick, die Hilfe bräuchten.

Vielleicht machte sich Frust breit bei den vier Freunden. Verständlich wär's: Sie hatten ihren Freund bis zu Jesus geschleppt und kamen jetzt nicht nah genug an ihn ran. Die ganze Mühe, den Freund bis hierher zu bringen, schien umsonst. Aber sie hatten auch eine enorme Entschlossenheit. Sie gaben nicht auf, sie hatten sich nicht diese Mühe gemacht, um nun ergebnislos wieder nach Hause zu gehen! Und sie hatten noch etwas: den Glauben, dass Jesus ihren Freund wirklich gesund machen würde! Sie waren die, die bereit waren, noch einen Schritt mehr zu machen, noch eine Schippe Investment draufzulegen. Der Glaube setzte die Kraft frei, keine Ausrede zählen zu lassen – bis zum Ziel dranzubleiben.

Doch der Türsteher sagte: »Sorry, es gibt Sicherheitsvorschriften. Ihr kommt hier nicht rein. Ihr wisst schon, Brandschutz und so ... Wenn hier eine Panik ausbricht, will ich die Verantwortung nicht übernehmen. Ihr kommt nicht rein! Ende!« Die Freunde suchten nach einer anderen Lösung. Vielleicht das Fenster? Aber da ging auch nichts durch. Zu viele Leute überall.

Einer von ihnen muss dann die geniale Idee gehabt haben: »Wenn die Tür zu ist und es auch durchs Fenster nicht geht, dann gehen wir halt aufs Dach!« Damals gab es in der Regel Flachdächer in dieser Region, wo Jesus wirkte. Die dienten auch als Terrasse – in einem warmen Land ist ein Dach Lebensqualität! Also stiegen sie auf das Dach dieser fremden Leute, denen das Haus gehörte, und begannen es abzudecken. Es gab da sicher keine Ziegel, sondern Lehm und Stroh. Stück für Stück räumten sie das Material zur Seite, um einen Durchgang zu schaffen.

Die Versammlung wird unterbrochen. Es raschelt über den Köpfen der Leute. Es rieselt Staub auf die Leute runter. Irgendwann gucken alle nach oben und niemand hört mehr dem Rabbi Jesus zu. Das Dach geht auf – was für eine seltsame Situation. Als passionierter Comicfan stelle ich mir diese Szene bildhaft vor: Das Dach geht auf und ich sehe Petrus vor mir, wie er Jesus fragt: »Sollen wir das Schwert holen?« Oder Thomas sitzt in einer Ecke und eine Gedankenblase gibt mir Einsicht in seinen Kopf: »Ich zweifle, ob das vom Herrn ist, wenn so'n Dach sich öffnet. Bei Elia war das auch nie so, das kann doch so nicht sein!« Und Judas denkt: »Wer soll das denn bitte bezahlen? Haben wir eigentlich eine Haftpflichtversicherung und tritt die für solche Fälle ein? Haben wir genug gespart, um diesen Schaden zu ersetzen? Und wenn da was auf den Messias fällt, ist das dann ein Arbeitsunfall oder muss das privat bezahlt werden?«

Der Besitzer des Hauses ist sicherlich auch nicht erfreut, dass wildfremde Menschen das Dach seines Hauses abdecken. Dafür hat er sicher nicht gebetet und seine Frau schaut ihn an und sagt so etwas wie: »Ich habe dir doch gesagt, wenn wir diesen Typen ins Haus holen, weiß man nie, was passiert – ich habe dich gewarnt, aber du wolltest wieder mal nicht hören.« Irgendwas wird jedem, der im Raum war, durch den Kopf gegangen sein. Ob jemand dabei war, der nicht mit menschlichen Augen geschaut hat, sondern mit Augen des Glaubens? War jemand da, der ein großes Wunder erahnte? Der den Einsatz der Freunde bemerkte, die Atmosphäre von Vertrauen und Hingabe? Den Eifer, aus dem starken Glauben heraus, dass heute, an diesem Tag, Jesus ihren gelähmten Freund heilen wird? Das können wir natürlich nicht wissen. Ich weiß nur: Wenn mir heute so etwas passieren würde, möchte ich so eine Haltung haben. Wenn Jesus im Raum ist, will ich mit Augen des Glaubens schauen. Ich will mit allem rechnen!

Dann lassen die Freunde ihren Freund an Seilen runter. Hier kommt eine bemerkenswerte Bibelstelle, die ich jahrelang überlesen habe: An vielen anderen Stellen sagt Jesus zu Menschen, die vollen Einsatz zeigen: »Dein Glaube hat dir geholfen.« Aber hier heißt es: »Als er ihren Glauben sah …« (Lukas 5,20). Jesus honoriert den Glauben der vier Freunde und nicht den Glauben des Gelähmten. Vielleicht hatte der Gelähmte selbst auch gar keinen Glauben. Worin bestand denn der Glaube der Freunde? In einer großen Entschlossenheit: »Egal, was es kostet, wir werden unseren Freund zu Jesus bringen! Egal, wie viel Mühe wir damit haben, unser Freund muss zu Jesus!«

Als Jesus diesen Glauben sieht, ordnet er die Prioritäten neu. Er hört mit seiner Predigt auf, lässt sich unterbrechen und sagt zu dem Lahmen: »Deine Sünden sind dir vergeben!« Die Vergebung unserer Lebensschuld ist noch wichtiger als die Heilung einer Krankheit. Dann kommt die Heilung aber auch direkt: »Steh auf, du bist gesund!«

Das Ende dieser Geschichte ist in der Bibel nicht dokumentiert. Aber ich bin mir ziemlich sicher: Diese fünf Freunde hatten am Ende eine große Party. Denn das, was sie sich gewünscht haben, war passiert, als Jesus ihren Glauben sah. Sie hatten einen unbedingten Willen, dass ihr Freund Jesus erlebt. Dafür waren sie bereit, alles zu tun: ein Dach abzudecken, Ärger in Kauf zu nehmen, nach kreativen Wegen zu suchen, Hitze und Anstrengung zu ertragen. Vielleicht mussten sie für den Schaden am Haus aufkommen. Aber dass ihr Freund in Kontakt mit Jesus kam, war ihnen das alles wert.

> Die Freunde hatten einen unbedingten Willen, dass ihr Freund Jesus erlebt. Die Entschlossenheit zahlte sich aus.

Finde Wege und geh sie

Für uns hier in Deutschland ist das die nächste Challenge. Es ist ja nicht so, dass Menschen Schlange stehen, um in Kontakt mit Jesus zu kommen. Wenn wir diese Herausforderung annehmen, dass Menschen unbedingt in Kontakt mit Jesus kommen müssen, wenn das unser Herzensanliegen ist, dann ist das der Spirit Gottes. Wir werden dann Wege finden, wenn nicht durch die Türe, dann durchs Fenster, und wenn nicht durchs Fenster, dann decken wir ein Dach auf. Wenn es unser Herzensanliegen ist, werden wir nicht akzeptieren, dass unsere Freunde Jesus nicht kennenlernen. Wir werden bereit sein, sie zu ihm zu tragen. Ganz wie John Maxwell (US-amerikanischer Buchautor, Redner, Coach und Pastor) es mal ausdrückte: »Wer will, findet Wege, wer nicht will, findet Gründe.«

Das bedeutet für uns: Wer Menschen zu Jesus bringen will, findet Wege. Alle anderen finden Gründe, warum es vielleicht nicht geht. Überall im Land finde ich Kirchen, die Menschen zu Jesus führen wollen und entsprechende Wege finden. Es gibt aber auch viele Leute, die sagen, dass es schön wäre, wenn Menschen zu Jesus finden, dass es aber auch viele gute Gründe gibt, warum das nicht passieren kann.

Welches Dach du abdecken musst, weiß ich nicht. Aber es wird etwas sein, was du noch nie gemacht hast. Denn wer in der Entschlossenheit des Glaubens etwas erleben will, was er noch nie erlebt hat, muss etwas tun, was er noch nie getan hat. Am Ende des Tages ist nicht entscheidend, wie jemand zu Jesus kommt, sondern dass er zu Jesus kommt. Und dann wird der Weg, in den du hineinüberwunden hast, Teil eines großartigen Zeugnisses sein.

Es ist wichtig, dass wir aufhören, die Türen zu lieben. Dass wir aufhören, die normalen Wege zu lieben, wie jemand zu Jesus kommt. Wir müssen lernen, mehr zu lieben, dass Menschen zu Jesus kommen. Dafür gibt es ungezählte Möglichkeiten. Für dich und mich heißt das vor allem: Lasst uns Freunde sein, die entschlossen sind zu dienen. Menschen kommen nicht zu Jesus, weil es Kirche gibt oder weil wir die Türen aufhalten. Menschen kommen zu Jesus, weil sie Freunde haben, die sie zu Jesus bringen. Das kostet Mühe und Zeit, denn Menschen sind Menschen, und jeder Mensch ist anders, braucht andere Dinge als andere.

Es gab eine Zeit in meinem Leben, in der ich Fußball gespielt habe. Das war der einfachste Weg, in Kontakt mit Menschen zu kommen. In dieser Zeit war ich Pastor in einer Kleinstadt. Eine Kleinstadt hat ganz andere Systeme als eine Großstadt. Einer vom

Team brauchte eine neue Hüfte und hatte eine Hüft-OP. Also besuchte ich ihn im Krankenhaus. Später erfuhr ich, dass ihn sonst kaum jemand besucht hat. Als ich ihn besucht habe, habe ich ihm ein Neues Testament, eine Sportlerbibel, mitgebracht. Ich habe ihm nichts groß erzählt, sondern einfach nur etwas mitgebracht. Irgendwann kam er aus dem Krankenhaus, die Hüfte funktionierte. An einem Sonntag hatten wir ein Meisterschaftsspiel und ich wurde ausgewechselt. Ich mag es nicht besonders, ausgewechselt zu werden. Jürgen Klinsmann hat wegen einer Auswechselung mal eine Werbebande kaputt getreten. Genauso fühlte ich mich dann immer – ausgewechselt, ersetzbar, ein Loser. Frustriert ging ich vom Platz in einen Bereich, in dem es was zu trinken gab. Er lief mir hinterher. Aus dem Nichts sagte er: »Ich hab das Buch fast durchgelesen!« Ich fragte mich, welches Buch er meinte, denn für mich war es ja nicht *ein* Buch, sondern das Wort Gottes, die Bibel. In seiner Welt war es einfach nur ein Buch. Dann dämmerte mir, was er meinte, und ich staunte nicht schlecht. Ich bin mir noch nicht mal sicher, ob jemand in meiner Gemeinde das Buch ganz durchgelesen hat. Abgefahren!

Kurze Zeit später klingelt mein Telefon und er fragt: »Kannst du vorbeikommen?« Ich schwinge mich auf mein Fahrrad – in dieser Gegend macht man alles mit dem Fahrrad. Auf dem Weg habe ich echt peinliche Gedanken. Ich frage mich, warum er will, dass ich vorbeikomme. Was soll ich ihm sagen? Als ich ankomme, sitzen wir am Tisch, er, seine Frau und ich, und wir trinken Tee. Drei Tassen, so wie es in Ostfriesland üblich ist. Er schaut mich an und sagt: »Ich muss dir was sagen. Ich bin Alkoholiker.« Davon hatte ich keine Ahnung. Er war die Art Alkoholiker, die immer den gleichen Pegel hält. So habe ich das nie bemerkt, keiner hat das gemerkt. Er erzählt mir dann davon, wie er gerade seine gesamte Familie an die Wand fährt. Seine Frau hätte die Nase gestrichen voll. So kommen wir wieder auf das Buch zu sprechen, denn da steht ja auch was drin!

An diesem Nachmittag habe ich ihm das ganze Evangelium erklärt. Dann habe ich gedacht: »Jetzt nehmen wir das ganze Paket!«, und ihn gefragt: »Darf ich für dich beten?« – »Ja, darfst du.« Ich habe alles gebetet, was mir einfiel, gelöst, gebunden, gesegnet. Keine Ahnung, ob das alles theologisch richtig war – und dann habe ich ihn zum Entzug in eine Klinik gebracht. Als ich ihn dort das erste Mal besuchte, sagte er: »Es ist echt verrückt, ich habe keine Entzugserscheinungen!«

Dieser eine Moment erforderte bewusste Beziehungsarbeit. Es gibt auch viele Geschichten, die nicht so enden, aber das ist egal. Gott belohnt unsere Treue, nicht den Erfolg. Manchmal wird aus der Treue Erfolg. Dieser Moment macht mir deutlich, wofür Kirche da ist. Wir bringen gemeinsam unsere Freunde zu Jesus. Das ist Kirche. Und wenn sie zu Jesus gekommen sind, zeigen wir ihnen, wie man Schüler von Jesus wird und wie man mit Jesus lebt. Es geht nicht darum, recht zu haben. An der Liebe wird man erkennen, ob wir echte Christen sind. Also, pack deine Ausreden ein und nimm eine große Portion Entschlossenheit. Nimm den Glauben, dass es sich lohnt, für Menschen neue Wege zu finden und ein guter Freund zu sein.

9

Er tut es sowieso

Stell dir mal vor, Gott kommt zu Mose und sagt: »Führ mein Volk aus Ägypten!«, und die Geschichte geht so nicht weiter, wie wir sie aus der Bibel oder der Kinderkirche kennen. Was wäre geschehen, wenn Mose, obwohl Gott ihn am brennenden Busch beruft, all seine Überredungskunst anwendet und ihm noch seinen Bruder zum Support an die Seite stellt, einfach sagen würde: »Nö, mach ich nicht! Ich liebe das Leben, das ich führe, die Schafe, meine Frau und meinen Schwiegervater. Das genügt mir! Nö, ich mach das nicht!«? Hätte Gott dann gesagt: »Schade, aber dann eben nicht. Dann muss mein Volk Israel eben in Ägypten bleiben. Dann gibt's halt keine Gospelsongs wie *Go down, Moses.* Dann gibt's keine Wüstenwanderung, kein Manna. Josua und Kaleb, schade, es wäre eine gute Story mit euch geworden! Dann gibt's halt kein verheißenes Land, keine Geschichte mit Israel, keinen Erlöser der Welt. Schade, aber wenn Mose Nö sagt, dann eben nicht!«

Oder ein anderes Beispiel: Der Engel des Herrn kommt zu Maria und sagt: »Die Hand des Herrn ist auf dir, du bekommst einen Sohn, der Jesus heißen soll. Er wird das Volk von allen Sünden retten. Er wird der Messias sein, der Retter der ganzen Welt!« Und Maria entscheidet sich anders und antwortet: »Nee, mach ich nicht! Ist mir zu gefährlich, finde ich doof. Ich bin erst vierzehn, ich bekomm riesige Probleme mit meinem Verlobten! Ich möchte nicht schwanger sein und mich heute festlegen. Nein, ich erlaube es Gott nicht, das mit meinem Körper zu tun. Mein Körper – meine

Entscheidung! Schließlich darf man zu Gott auch mal Nein sagen. Dafür gibt's ja den freien Willen.« Und Gott antwortet: »Okay, dann tut es mir leid. Wenn Maria nicht mitmacht, dann ist das so. Pech gehabt, Welt, es gibt keine Erlösung, kein ewiges Leben, keine Vergebung der Schuld, keine Hoffnung. Denn Maria macht da nicht mit!«

Ist Gott so? Gibt Gott seinen Plan einfach so auf, weil der Mensch, durch den er wirken wollte, sich anders entscheidet?

Nein, so ist Gott nicht! Er hätte einen Weg gefunden. Er hat einen Plan, und dieser Plan wird erfüllt, ob mit Maria oder jemand anderem. Gott hätte eine Lösung gefunden! Maria hat Ja gesagt. Sie war bereit. Ebenso ihr Verlobter Josef. Er war bereit, sie zu unterstützen. Auch er hat ein Ja zu Gottes Plan gefunden. Er war mindestens genauso wie Maria gefordert, einen mutigen Glaubensschritt zu gehen. Hätte Joseph Nein gesagt, hätte er dem Engel in seinem Traum nicht vertraut, hätte Gott einen Weg gehabt, Maria mit ihrem Ja auch anders zu unterstützen. Da bin ich sicher. Aber Gott musste keinen anderen Weg finden, denn Josef stellte sich zu Maria. Entgegen aller Widerstände zogen sie es gemeinsam durch. Riskierten den Schritt im Glauben.

Gott ist weit größer als unsere Entscheidungen. Wie unglaubwürdig wäre unser Gott, wenn er sich von der Entscheidung eines Menschen so abhängig machen würde, dass er seine ewigen Pläne aufgeben müsste, wenn sich nur einer von uns gegen ihn entscheidet!

Gott ist weit größer als unsere Entscheidungen.

Gott hat deine Stadt, dein Land und die Menschen auf dem Schirm. Er wird niemanden vergessen. Gott gibt nicht auf. Er wird sich darum kümmern, dass seine Pläne erfüllt werden. Er fragt auch dich, ob du davon Teil sein möchtest – egal, wer du bist! Aber sein Erfolg hängt nicht davon ab, ob du Ja oder Nein sagst.

Esther

Im Buch Esther finde ich einen Beweis dafür. Dort wird von einem Haman berichtet, der die Juden vernichten will. Und es gibt eine Esther, die Jüdin ist.

Esther wächst bei ihrem Onkel auf, weil ihre Eltern gestorben sind. Sie hat sich sicher die Warum-Frage gestellt. Wenn ich das erlebt hätte, würde ich mir diese Frage stellen. Warum sind meine Eltern gestorben, warum alle beide? Alles, was normale Kinder haben, hat Esther nicht. In gesunden Familien sagen Eltern ihren Kindern unzählige Male, dass sie sie lieben, dass sie hinter ihnen stehen, dass sie für sie beten und sie anfeuern. Das hilft Kindern, ein gutes Selbstbewusstsein zu entwickeln. Das fehlt Esther. Es wird nicht erzählt, wie alt sie genau war, als sie Waise wurde. Nur, dass sie weder Vater noch Mutter hatte (Esther 2,7) und dass sie schön aussah. Aber so oder so: In ihrem Inneren fehlt etwas. Sie hat Verlust erlebt, die Bestätigung ihrer Eltern ist nicht mehr da. Auch wenn sie vielleicht Zuspruch von ihrem Onkel bekommt – im Text steht, dass er sie annahm wie eine Tochter –, die Liebe von Eltern ist etwas anderes.

Esther hat eine komplexe Familiengeschichte. Und sie ist sehr schön. Der persische König hat sie sich dann auch nicht zur neuen Frau erwählt, weil sie mit ihm gute Gespräche geführt hat. Sie hat zunächst einmal einfach einen Schönheitswettbewerb gewonnen, sozusagen *Persiens Next Top-Königin*. Auf den ersten Blick wird Esther wegen ihrer Schönheit Königin. Doch auf den zweiten Blick ist sie Teil von Gottes Rettungsplan!

Denn dann erfährt Esther, dass ihr Volk ausgerottet werden soll. Mordechai, ihr Onkel, kommt zu ihr und sagt ihr: »Glaub nur nicht, dass du als einzige Jüdin mit dem Leben davonkommst, nur weil du im Königspalast wohnst! Wenn *du* jetzt nichts unternimmst, wird von anderswoher Hilfe für die Juden kommen, du aber und deine Familie – ihr werdet sterben! Vielleicht bist du gerade deshalb Königin geworden, um die Juden aus dieser Bedrohung zu retten!« (Esther 4,12-14; HFA).

Achtung! Mordechai sagt nicht: »Du bist für diesen Moment Königin geworden!« Sondern er sagt: »Vielleicht bist du gerade deshalb Königin geworden!« Stopp mal. In einer Krisensituation würden wir Gott doch eher darum bitten, uns rauszuholen, als uns dortzulassen: »Schick mir einen Hubschrauber und hol mich hier raus!« Aber hier sehen wir, dass Mordechai eine andere Haltung einnimmt: Er geht davon aus, dass Gott Menschen sucht, die ihm helfen, diese Krise für sein Volk zu lösen. Er kennt offensichtlich einen Gott, der uns einen Anker mitten in einer Krise gibt, damit wir uns festmachen können. Krisenzeiten sind Glaubenszeiten! Inmitten der Stürme sollst du festbleiben. Vielleicht bist du genau dort, wo du bist, weil Gott durch deinen Glauben wirken möchte, um die Situation zu verändern.

Das Wort »vielleicht« gehört definitiv nicht zu dem Spektrum, das ich als Synonym für Glauben anwende. Meine Synonyme für Glauben sind Mut, Vertrauen und Attacke! »Vielleicht« und »Glauben« – ich finde, das passt nicht! Aber dieses »vielleicht« zeigt: Gott bleibt souverän. Er wird einen Weg finden. Der Glaubensschritt ist ein Angebot, Teil der Lösung zu werden. Aber Gott zwingt niemanden dazu. Auch Esther hat die Wahl.

Mordechai coacht Esther in diese Richtung: »Vielleicht bist *du* Gottes Antwort, vielleicht wirst *du* unser Volk retten, vielleicht bist *du* nur aus diesem Grund so schön, um jetzt Gottes Auftrag zu erfüllen!« (Natürliche Schönheit kann auch eine Gabe Gottes sein!) Esther nimmt es auf und antwortet auch mit so einem Vielleicht: »Ja, vielleicht bin ich die Antwort!« Sie antwortet: »Wenn ich umkomme, dann komme ich eben um!« (Esther 4,16; HFA).

Sie nimmt das Angebot an, das sich ihr bietet. Sie wählt das Risiko. Sie wählt Vertrauen auf Gott. Sie wählt den Glaubensschritt – und riskiert ihr eigenes Leben.

Josua und Kaleb

In Josua 14,12 soll ein Berg erobert werden. Auf dem Berg wohnen Riesen und die junge Generation will nicht kämpfen. Dann findet Josua einen Mann namens Kaleb, der bereits 85 Jahre alt ist. Ganz ehrlich, 85! Das war noch nie jung, auch wenn man damals älter geworden ist als heute … Ich liebe die Aussage von Kaleb, der äußerlich alt, innerlich aber sehr jung ist. Alter ist nämlich keine biologische Frage, Alter ist eine Frage der Herzenseinstellung. Es gibt Leute, die mit zwanzig festgefahren, nicht dynamisch und wie steinalt sind. Und andere, die mit siebzig noch voller Aufbruchsstimmung und Risikobereitschaft sind, als wären sie noch jung. Kaleb sagt also: »Und nun gib mir dieses Gebirge, von dem der Herr an jenem Tag geredet hat! Denn du hast an jenem Tag gehört, dass die Enakiter dort sind und große, feste Städte. Vielleicht ist der Herr mit mir, dass ich sie vertreibe, wie der Herr geredet hat« (Josua 14,12; ELB).

»Vielleicht ist der Herr mit mir« ist die Antwort eines Gamechangers! Denn wer so etwas sagt, der weiß, dass er ohne Gott gar nichts ausrichten kann! Aber wenn Gott dabei ist, alles erreicht, was er aufgetragen hat.

Nur deshalb gehst du den ersten Schritt und tust das, was Gott dir gesagt hat. Nur deshalb wartest du nicht ab, ob noch ein Engel kommt und das bestätigt oder ob du hundertprozentig sicher bist, weil andere Leiter es dir bestätigen – weil du weißt, dass du alles erreichen kannst, wenn Gott mit dir ist.

Bleib nicht sitzen, bis der Herr zurückkommt! Vielleicht bist du Gottes Antwort oder deine Gemeinde! Dafür wird es nie eine hundertprozentige Sicherheit geben – Gottes Auftrag bringt immer ein Risiko mit sich, sonst müsstest du nicht glauben. Vielleicht geht es auch schief. Aber Gott handelt lieber durch Leute, die mit einem Vielleicht losgehen, als mit denen, die sitzen bleiben, weil sie Sicherheit brauchen. Lieber ein Vielleicht-Versager als ein Sicherheits-Sitzenbleiber.

> Gott handelt gern durch Leute, die mit einem Vielleicht losgehen!

Welches Vielleicht gibt es bei dir? Sollst du in Leiterschaft gehen oder eine Kirche gründen? Vielleicht solltest du mehr von deinem Einkommen ins Reich Gottes geben? Vielleicht ist es auch etwas ganz anderes, etwas völlig Unlogisches … vielleicht?

Jonathan

Auch Jonathan, der Sohn Sauls und bester Freund von David, findet ein Vielleicht in einer Situation.

Wie schon beschrieben: Die Philister verprügeln gerade mal wieder das Volk Gottes. Sie sind bis auf die Zähne bewaffnet und haben eine sehr gut ausgebildete Armee mit Berufssoldaten. Die Armee der Israeliten inklusive König Saul diskutiert im Schatten eines Baumes darüber, was sie jetzt gegen die Philister tun können, denn sie haben keine Waffen mehr. Ein junger Mann namens Jonathan, der Sohn des Königs, ist von diesen Diskussionen genervt. Er sagt zu seinem Waffenträger: »Komm, lass uns hinübergehen zu dem Posten dieser Unbeschnittenen!« (1. Samuel 14,6; ELB). Jonathan weiß, dass Gott mit den Beschnittenen ist – das ist ein Erkennungszeichen für *sein* Volk. Mit den Unbeschnittenen ist

Gott nicht. Deshalb betont er, dass die Philister unbeschnitten sind. Das ist also keine Beleidigung, sondern die deutliche Aussage, dass Gott nicht mit denen im feindlichen Lager ist. Also schlägt er vor, das Risiko einzugehen und mal eben rüberzugehen: »Vielleicht wird der Herr etwas für uns tun, denn für den Herrn gibt es kein Hindernis, durch viel oder durch wenig zu helfen« (Vers 6).

Der Waffenträger willigt ein und Jonathan sagt, dass sie den Herrn zusätzlich noch um ein »Zeichen« bitten wollen. Und hier kommt das »Zeichen«, um das er Gott bittet:

Die beiden stehen unten, die trainierten Kämpfer der Philister mit ihren Waffen stehen oben. Jeder, der sich ein bisschen mit Kriegsführung auskennt, weiß, wer hier im Vorteil ist. Denn während die, die von unten nach oben kommen, noch bergauf gehen müssen, können die von oben schon agieren, werfen, trampeln, schlagen, Nachschub holen. Der Philister sind viele, sie können sich ergänzen – die Bibel sagt sogar, dass Jonathan und sein Waffenträger »hochkrabbeln« müssen. Das heißt, Hände und Füße sind mit dem Aufstieg beschäftigt. Das sollte doch leichte Beute für die Philister sein!

Jonathan setzt also sein Zeichen fest: »Wenn sie sagen: ›Kommt mal her!‹, dann wissen wir, dass der Herr mit uns ist. Und wenn sie das nicht sagen, dann bist du nicht mit uns« (vgl. Verse 9 und 10). Das ist doch crazy! Natürlich werden die Philister sie auffordern, herzukommen! Leichte Beute – und dann auch noch der Sohn des Königs! Wer lässt sich so eine Möglichkeit schon entgehen! Sie sind doch augenscheinlich in der besseren Ausgangslage – das soll ein Zeichen sein?

Es ist klar: Jonathan versucht hier nicht, möglichst aus der Sache herauszukommen. Nein – er versucht möglichst in diese Sache hineinzukommen. Er wählt ein Zeichen, das sehr wahrscheinlich so ausfallen wird, dass er in die Konfrontation mit den Feinden hineingeraten wird. Jonathan möchte das Risiko eingehen und schauen, ob der Herr vielleicht etwas für sie tut, wenn er es tut.

Ich liebe Leute, die mit so einem Vielleicht im Herzen einen Schritt tun – egal, wie verrückt oder ausweglos es scheint. Esther, Kaleb und Jonathan: In allen Beispielen finden wir das Vielleicht, mit dem sich Menschen dem Glaubensrisiko entgegenschmeißen. Und Gott stellt sich zu den Menschen, die dieses Vielleicht kühn aussprechen.

Es gibt sicher viele begründete Situationen, in denen du denkst, dass etwas nicht geht. Vielleicht bist du zu klein oder zu groß, vielleicht zu krank oder zu beschäftigt, zu schwach, zu weich, zu angegriffen … Solche Vielleichts sind Glaubenshindernisse. Aber vielleicht interessiert Gott das überhaupt nicht und er möchte gerade deshalb durch dich wirken und mit dir gemeinsam etwas erreichen.

Welches Vielleicht hörst du, das dich abhält?

Im Schwedischen heißt »vielleicht« *kanske*. Wenn man es trennt in *kan-* und *-ske*, dann bedeutet es: »kann geschehen«. Das drückt aus, dass etwas möglich ist. Im »vielleicht« steckt die Möglichkeit mit drin! *Vielleicht* will der Herr etwas durch dich tun! Wenn der Herr mit dir ist, wer kann gegen dich sein? Dafür musst du nicht perfekt sein! Vergiss nicht: Wenn Gott etwas tun will, dann tut er es – ob mit dir oder mit jemand anderem. Es wird zu Gottes Ehre geschehen. Möchtest du mit Gott im Team sein? Alles, was du brauchst, ist die Risikobereitschaft, »vielleicht« zu sagen und loszugehen.

10

Wer glaubt, zählt anders

Es gibt einen Film mit Kevin Costner, den ich sehr mag: *The Guardian – Jede Sekunde zählt*. Darum geht's: Nach einem Einsatzunfall, der seinem Team das Leben kostete, ist Star-Rettungsschwimmer Ben traumatisiert. Um die Tragödie zu verarbeiten, bekommt er eine neue Aufgabe. Mit harter Hand und all seinen Erfahrungen bildet er jetzt den Nachwuchs aus. Dabei entdeckt er in Schwimmchampion Jake den Stoff, aus dem Helden sind. Doch das Talent ist kein Teamplayer und wie Ben von Erinnerungen belastet. Jake, gespielt von Ashton Kutcher, lässt sich von Ben coachen. An einer Stelle des Films stellt er ihm die Frage: »Wie viele?« Jake will die Zahl der Menschen hören, die Ben gerettet hat. Er rechnet mit einer mindestens vierstelligen Zahl. Aber Ben antwortet: »22!« Jake ist sichtlich enttäuscht, doch Ben erklärt: »22 ist die Zahl der Menschen, die ich nicht retten konnte, die ich verloren habe. Und das sind die einzigen, die ich jemals gezählt habe.«

Gewinner zählen anders. Menschen, die im Glauben leben, zählen andere Kriterien. Sie schauen auf andere Dinge, die wichtig sind. Sie verfolgen andere Ziele, um erfolgreich zu sein.

Für Pastoren wie mich ist es gut, Gottesdienstbesucher, Kinder im Kinderdienst, Hände, die sich beim Aufruf melden, und Gespräche, die wir führen, zu zählen. Die wichtigere Zahl ist, wie viele Leute wir *nicht* erreicht haben. 1 000 Gottesdienstbesucher sind relativ, wenn man bedenkt, dass in Wuppertal 350 000 Menschen leben. Wenn wir Solingen dazuzählen, haben wir schon 500 000

Menschen, ganz zu schweigen von Hamm, Hagen und Vantaa (Finnland) – Orte, an denen wir auch noch einen Campus haben. So gesehen ist unsere Kirche sehr klein, auch wenn diese 1000 Leute in unseren Gebäuden erst mal nach vielen Menschen aussehen und das auf den ersten Blick groß scheint. Genauso auch unser Gemeindebund, der mit seinen Mitgliedsgemeinden erst mal groß wirkt. Aber wenn uns die 7000 Gemeinden, die es noch *nicht* gibt, wichtig werden, dann werden wir uns wohl kaum bequem in unseren Sessel setzen und uns darüber freuen, was wir alles schon geschafft haben. Da draußen ist mehr.

Was zählt also? Was zählt für Leute, die glauben? Worauf achten Menschen, die den Schritt aufs Wasser setzen und auf das Wort von Jesus hin in neues Land eintreten?

Systemcheck: Welt und Königreich

Wir leben in einer Wettbewerbs- und Leistungsgesellschaft. Deshalb gibt es Grundsätze, die fest in uns verankert sind. Werte und Prioritäten, die wir von klein auf als normal erleben. Schon als Kind lernen wir in Gesellschaftsspielen (dieses Wort drückt ja schon aus, dass man spielend lernt, was in der Gesellschaft wichtig ist), dass nicht der netteste, freundlichste Mensch gewinnt, sondern der, der das meiste Geld, die meisten Straßen und Häuser, die meisten Punkte oder den höchsten Kartenstapel hat. Der, der die meisten rausschmeißt und als Erster im Ziel ist, ist der Gewinner.

In der Schule werden die Leistungen auch nach einem festen Bewertungskriterium bewertet. Diesem Kriterium muss jeder lernen zu entsprechen. Wir lernen daher nicht »etwas fürs Leben«, sondern man lernt, um gut bewertet zu werden. Wie man das macht, ist egal, Hauptsache, die Bewertung, die zweimal im Jahr stattfindet, fällt gut aus. Diese Bewertungen machen etwas mit einem. Sie binden deinen Selbstwert an deine Leistung. Vielleicht hast du sogar finanzielle Unterstützung bekommen, wenn du mit guten Bewertungen aus der Schule nach Hause gekommen bist!

Es gibt noch mehr solcher unbewussten gesellschaftlichen Bewertungskriterien. Was erwartest du, wenn ein pinker Trabbi vorfährt? Wer steigt da aus? Erwartest du, dass ein 2-Meter-10-großer und muskulöser Mann aussteigt? Nein! So ein Mann würde sich ein anderes Auto holen – schnell, groß, beeindruckend. Ein Trabbi wäre da eher was für eine nostalgische Frau, oder? Wir bewerten ein Transportmittel, das uns nur von A nach B bringen soll, nach dem Standard, der uns in der Werbung oder im Umfeld vorgegeben wird. Wir bewerten auch einander nach bestimmten Kriterien wie Gewicht, Outfit oder Statussymbole.

Früher gab es in der christlichen Bubble eine recht scharfe Unterscheidung. Es gab die Kriterien der Welt und die vom Königreich Gottes. Die Unterscheidung wurde einfach an Äußerlichkeiten festgemacht: Mode und Haarstyle und Make-up. Mit so einem Punktesystem identifizierte man, was aus der Welt kam und was im Reich Gottes war. Ich denke, das ist viel zu oberflächlich gedacht. Es ist vielschichtiger. Man muss für das Reich Gottes eine ganzheitliche Einstellung, ein geschultes Sensorium haben. Der Heilige Geist lehrt uns die Beurteilungssysteme, die im Königreich Gottes gelten. Und auch, wie es sich vom Geist der Welt abgrenzt.

Das System der Welt ernährt eine ganze Industrie – die Schönheitsindustrie. Sie legt Menschen komplett darauf fest, wie sie aussehen und wie erfolgreich sie in ihrem Beruf sind. Gut auszusehen ist ein Geschenk Gottes und auch hinter dem Erfolg steht mehr, als man nur auf den ersten Blick sieht! Was steht denn hinter dieser äußeren Schönheit? Sehr oft kaputte Familien und Burn-out – um nur zwei Punkte zu nennen. Wenn wir nur die Bewertung »Schönheit« und »Erfolg« in unser Wertesystem übernehmen, werden wir uns immer minderwertig fühlen. Es macht etwas mit unserer Identität. Die Standards in diesem System werden nicht nach der Realität gemacht, sondern durch Ideale, Täuschung und Bildbearbeitungen. Die Frucht ist: Es entsteht Neid, Abhängigkeit, Sucht und Zwanghaftigkeit. Bewertungen der Welt können ein Loch in die Seele bohren. Um den Minderwert dann auszugleichen, werden Tools genutzt, die eigentlich durch unser Lebensraster durchfallen sollten. Arroganz zum Beispiel. Arroganz ist Minderwert in einem anderen Kleid.

Dieses System ist kein Phänomen der Neuzeit! Wir finden es auch schon in der Bibel.

Ein König wurde damals in seinem Wert danach beurteilt: Je mehr besiegte Feinde, desto besser der König! Saul, der erste König in Israel, übernahm diesen Wert für seine Selbstbewertung. Er knüpfte seine Identität an die Standards der Welt. Und dann passierte das – die Leute sangen: »Saul hat Tausende getötet, aber David Zehntausende!«

> Saul wurde sehr zornig, weil ihm das Lied ganz und gar nicht gefiel. Er dachte: »Sie sagen, David habe Zehntausende getötet, und ich nur Tausende. Als Nächstes werden sie ihn zu ihrem König machen!« Und von da an war Saul eifersüchtig auf David.
> *1. Samuel 18,8-9*

Dass Saul Tausende in der Schlacht geschlagen hatte, das war wichtig und gut! Saul war ein cooler Typ. Aber dann kam David daher. Der sah nicht nur gut aus, er hatte sogar Zehntausende geschlagen. So wurde aus dem eigentlichen Triumph von Saul ein Schmählied. Saul hätte auch sagen können: »Hauptsache, wir haben den Krieg gewonnen! Gott hat mir Gnade für Tausende und dem David für

Zehntausende geschenkt – wir alle zusammen haben diese Schlacht gewonnen und feiern das!« Aber Sauls Beurteilungskriterien waren nicht die aus dem Reich Gottes. In seinem Mangel an Selbstwert sah er deswegen nur, was die Frauen über David sangen. Das hatten sie nicht ihm »gegeben«. Der Neid katapultiert ihn raus aus dem Vertrauen auf Gott. Er wird blind für seine eigene Position und Würde.

Wir machen uns sehr leicht davon abhängig, welchen Wert Menschen uns geben. Wenn das passiert, verlieren wir unsere Sicht auf Gott. Wir sehen nur noch das, was zwischen uns und den anderen ist, und stellen fest, dass andere scheinbar immer mehr haben als wir. Es gibt immer denjenigen, der besser aussieht, diejenige, die besser singt, den, der den besseren Job oder sogar die besseren Kinder hat. Das beste Auto, das größte Haus, die schönsten Haare – es wird immer jemanden geben, der mehr von dem hat, was ich mir wünsche. Das ist ein Auslöser damals wie heute, um neidisch zu werden. Wir sitzen alle in demselben Boot wie Saul.

Es ist tatsächlich interessant festzustellen, was unseren Wert ausmacht. Wir alle sind auf die ein oder andere Art und Weise so geeicht, dass wir uns irgendwie vergleichen. Meistens immer mit denen, die mehr haben als wir – so geht es mir zumindest häufig. Menschen, die scheinbar mehr Geld oder das schönere Haus haben, die berühmter und erfolgreicher sind, die mehr können als ich, schöner sind, mehr Haare haben und mehr Aufmerksamkeit bekommen – das sind die Menschen, mit denen ich mich vergleiche. Dann frisst Neid die Dankbarkeit auf und führt zu einem Wettstreit, zu einem inneren Eifer, der bis zu Mordgedanken führen kann.

Dankbarkeit – Eine Position für Glaubenshelden

Doch woher kommt der Wert im Reich Gottes? Der wahre Wert des Menschen definiert sich dadurch, dass er ein von Gott geliebtes Wesen ist. Es ist egal, wie erfolgreich, alt, gut aussehend oder wohlhabend jemand ist. Jeder Mensch ist wertvoll, weil Gott ihn liebt. Das ist der Maßstab im Königreich Gottes. »Der Herr ist von Ferne gekommen und sprach zu ihm: ›Ich habe dich schon immer geliebt. Deshalb habe ich dir meine Zuneigung so lange bewahrt‹« (Jeremia 31,3). Das gilt für dich genauso wie für mich. Gott hat an uns gedacht, als er seinen Sohn auf die Welt schickte. Das macht uns frei und stellt das System der Welt auf den Kopf.

Mir ist für den Systemcheck diese Frage sehr wichtig geworden: Bin ich eigentlich noch dankbar für das, was ich habe, oder schaue ich nur auf das, was ich nicht habe? Wenn wir nicht im Blick behalten, was wir haben, fixieren wir uns auf das, was wir nicht haben. Das öffnet der Ichbezogenheit eine Tür in unser Herz.

Der wahre Wert des Menschen definiert sich dadurch, dass er ein von Gott geliebtes Wesen ist.

Wir vergessen zum Beispiel, die Menschen in unserem Leben wertzuschätzen, weil sie so selbstverständlich sind. Mama, Papa, Kinder, Familie – alles ist so selbstverständlich. Unser Job, was Warmes anzuziehen, tägliches Essen, unsere Kleingruppe und selbst Jesus und der Heiligen Geist im Leben können selbstverständlich werden. Auch, dass wir eine gute Kirche besuchen können. Ein Rechtsstaat wie unserer wird selbstverständlich, die soziale Unterstützung unseres Staates ist sogar mehr als selbstverständlich. Sie wird immer wieder gefordert, selbst in Situationen, in denen er nicht verantwortlich ist. *Es geht mir ganz gut, aber wenn ich noch das ein oder andere mehr hätte, dann würde es mir noch besser gehen …*

Ich bin überzeugt, dass nur der Dankbare die Kraft behalten wird, neue Glaubensschritte zu gehen. Der, der sich darauf fokussiert, was er hat, und das wertschätzt – ein solcher Mensch wird immer in einer anderen Liga spielen als jemand, der undankbar ist. Dankbarkeit schützt dich vor dem Minderwert, der im System der Welt zu Neid und Zerstörung führt. Du bist verloren, wenn du dich nur darauf fixierst, was du nicht hast. Wenn du allein lebst und dich nur darauf fixierst, dass du keinen Partner hast, verlierst du den Blick dafür, was dir Gott in dieser besonderen Lebenssituation schenken möchte. Du wirst die Gelegenheiten, ein Risiko einzugehen und Glaubensschritte zu wagen, womöglich verpassen, weil du nur das siehst, was dir scheinbar fehlt. Natürlich gibt es Nebenwirkungen beim Alleinleben – es heißt ja nicht umsonst: »Gemeinsam sind wir stark!« Aber es heißt »gemeinsam«, nicht »verpartnert«! Der Wert eines Menschen hängt niemals davon ab, ob er allein lebt oder nicht.

Der Job, um den du dich bewirbst und von dem du schon immer träumst – hey, dein Leben ist nicht vorbei, wenn du ihn nicht bekommst! Vielleicht hast du gerade einen Job, der dir Zeit für Familie, Hobbys und Kirche gibt. Du weißt doch gar nicht, was dein vermeintlicher »Traumjob« mit sich bringt, wie viel Energie er dich kosten kann. Selbst wenn du derzeit ohne Arbeit bist und dieser Job dich aus allen Sorgen herausholen würde – er ist und wird niemals dein Wert sein.

Wann hast du das letzte Mal deinem Ehepartner gesagt, dass du ihn liebst? Wann hast du das letzte Mal einer Freundin oder einem Freund gesagt, wie sehr du sie oder ihn schätzt? Wann hast du deinen Eltern mal gesagt, dass es großartig ist, dass sie da sind? Fokussiere dich auf die Dankbarkeit: dass es dich gibt und du ein Leben hast, das du selbst bestimmen darfst. Magst du deine Firma oder deinen Job? Hast du das deinem Chef mal gesagt? »Was bringt das?«, fragst du dich vielleicht. »Ich bekomme doch Lohn dafür, was ich tue! Das ist doch selbstverständlich.« Ja, das ist richtig. Aber mit deiner Dankbarkeit veränderst du das Klima in deiner Umgebung. Ob du mit einem langen Gesicht zur Arbeit gehst oder mit einem Lächeln, verändert etwas! Es gibt noch andere Währungen als die Euros auf deinem Bankkonto!

Diese Aussage habe ich vor Jahren mal gelesen und ich finde sie nach wie vor sehr wichtig: Beziehungen haben kein Punktesystem. Zeit mit Menschen zu verbringen, mit denen du in Beziehung stehst, macht dich nicht zum Helden – dafür gibt es keine Goldmedaille. Verschenkte Zeit kann nicht bewertet werden. Du kommst nicht aus deiner Kleingruppe und sagst: »Jetzt haben wir alle 100 Euro mehr in der Tasche!« Du kannst Beziehungszeit nicht mit diesem Maß bewerten. Weder zu Gott noch zu deiner Familie, zu deinen Freunden, zu deiner Kleingruppe oder zu Menschen, die in Not sind und denen zu hilfst. Aber Beziehungen tragen zur Stabilität deiner Seele bei, die deine Resilienz – deine Widerstandskraft und dein Durchhaltevermögen – bestimmt. Resilienz ist der Stoff, aus dem Glaubenshelden sind. Du brauchst sie zum Überwinden. Du brauchst sie zum Dranbleiben. Du brauchst sie zum Festhalten. Du brauchst sie in Krisenzeiten! In Krisenzeiten ist nicht wichtig, was du besitzt oder wie du aussiehst. Dann zählen nur deine Beziehungen: Wie tief bist du in Gott verwurzelt, sozial verankert? Das kostet Zeit, Investment und Freundschaften – alles Werte, die du nicht in dem Wertesystem der Welt findest.

Beziehungen haben kein Punktesystem.

Deshalb achte darauf, was du als Erstes streichst, wenn es eng wird. Achte darauf, dass es nicht das ist, was dafür sorgt, dass deine Seele stabil ist. Die Zeiten werden nicht besser werden, deshalb müssen wir dafür sorgen, dass wir stabil bleiben. Auch im Leib Jesu finden wir das weltliche Wertesystem. Gemeindeleiter werden oft zuerst danach gefragt, wie viele Leute in ihre Kirche gehen. So eine Frage führt in Versuchung. Aber Wettkampf plus Neid und Eifersucht sind eine ganz fiese Bombe. Die australischen Ureinwohner haben bei ihren Wettspielen für Kinder ein eigenes Wertesystem. Damit sie niemanden bloßstellen, laufen die Schnelleren einfach langsamer. Die Xavante, ein in Brasilien ansässiges indigenes Volk, spielen folgendes Spiel: Zwei Gruppen tragen jeweils einen Baum. Wenn eine Gruppe vorne liegt, warten sie auf die anderen – es sieht aus wie Ballett und letztendlich gewinnt keiner. Es ist die Freude am Spiel, die hier wichtig ist.

Was ist denn mit den Leuten, die mehr haben, die besser aussehen, die ein größeres Auto fahren? Du weißt nie, was dahintersteckt – wie viel Kraft es kostet oder sogar Schmerz. Im Grunde geht es uns auch nichts an. Wir sind nur für das verantwortlich, was uns ganz persönlich betrifft. Wenn wir aufhören, uns zu vergleichen, lebt es sich viel leichter. Gott wird dich, wenn du in den Himmel kommst, niemals fragen, wie du das Leben der anderen beurteilt hast. Ihm ist wichtig, wie es in *deinem* Leben aussieht, wie du mit dem umgegangen bist, was *du* hattest. Entscheidend ist, dass du mit dem, was du hast, Gott anbetest, dass du es einsetzt, damit dein eigenes Herz schöner wird. Dass du Liebe lernst und Zufriedenheit. Dass du im Kleinen treu bist, damit Gott dir mehr anvertrauen kann, was er durch deinen Glauben für das Reich Gottes bewirken kann.

Mit wem würde Gott ein Selfie machen?

Wenn ich auf der Straße einen berühmten Menschen treffe, habe ich oft diesen Reflex, ein Selfie zu machen. Es sieht immer gut aus, neben jemandem zu stehen, der erfolgreich ist, und das Foto dann in Social Media zu posten. Einmal habe ich Reinhard Bonnke getroffen. Er war ein bekannter Evangelist und BFP-Pastor. Das Foto hätte mir jede Menge Likes gebracht, ohne dafür irgendetwas zu tun! Anerkennung und Zuspruch, nur weil ich im Schatten von jemandem stehe, den andere Leute kennen. Mit wem würde Gott ein Selfie machen? Welche Zahlen sind für Gott beachtenswert?

Und Jesus? Mit wem würde er ein Selfie machen? Philipper 2 zeigt uns, was Jesus – also auch Gott – wichtig ist:

> Geht so miteinander um, wie Christus es euch vorgelebt hat. Obwohl er Gott war, bestand er nicht auf seinen göttlichen Rechten. Er verzichtete auf alles; er nahm die niedrige Stellung eines Dieners an und wurde als Mensch geboren und als solcher erkannt. Er erniedrigte sich selbst und war gehorsam bis zum Tod, indem er wie ein Verbrecher am Kreuz starb. Deshalb hat Gott ihn in den Himmel gehoben und ihm einen Namen gegeben, der höher ist als alle anderen Namen. Vor diesem Namen sollen sich die Knie aller beugen, die im Himmel und auf der Erde und unter der Erde sind. Und zur Ehre Gottes, des Vaters, werden alle bekennen, dass Jesus Christus Herr ist.
> *Philipper 2,5-11*

Miteinander bedeutet *miteinander* – lass das mal auf dich wirken, das ist sehr tief. Das gilt nicht nur für die Kirche, sondern auch für die Gesellschaft. So zählt Gott.

Wer sich selbst erniedrigt, der ist wie Christus. Und Gott hat ihn erhöht. Jesus wurde der Namen aller Namen gegeben, weil er seine Gottheit abgelegt hat und wie ein Mensch wurde. Er ist der größte Leiter, der jemals diesen Erdboden betreten hat. Jesus hat wie kein anderer die Welt verändert. Wenn du zum Beispiel die Geschichte der Krankenhäuser studierst, wird du am Ende Menschen finden, die von Jesus inspiriert waren, sich um Kranke zu kümmern. Wenn du die Herkunft von sämtlichen Dingen studierst, wirst du immer auf eine Spur stoßen, die dich zu Jesus führt. Er ist der, der nie eine Armee befehligt hat, kein Insta-Konto und keine PR-Maschine hatte, der in einem Land lebte, das vielen Leuten komplett unbekannt ist. Er hat diese Welt verändert wie kein anderer. Dafür hat er niemanden manipuliert oder gezwungen, ihm zu Ruhm zu verhelfen. Er hat keinen Druck ausgeübt und niemanden fertiggemacht. Er hat nicht verlangt, dass man registriert, dass er der Sohn Gottes ist oder dass er anbetungswürdig ist. Er hat uns den Charakter Gottes gezeigt.

Schauen wir uns eine Szene an: An einem Abend sind alle Jünger hungrig, das Essen soll auf den Tisch. Im Nahen Osten wird abends gegessen, weil es tagsüber einfach zu warm dafür ist. Alle sind den ganzen Tag in Sandalen durch die Gegend gelaufen – auf sandigen, staubigen Straßen, auf denen Tiere umherkrochen, Kot, Dreck, Schmutz und Abwasser war. Deshalb hat jeder, der unterwegs war, nicht nur dreckige, sondern auch schwitzende Stinkefüße, neben denen man nicht liegen will, um sein Abendbrot zu essen. Damals rochen solche Füße ganz genauso wie heute – nur hatte man noch kein Deo oder geschlossenes Schuhwerk. Auch der Geruch des Essens kann das nicht übertünchen – das ist nicht gut! Deshalb gab es Diener, die sich vor dem Abendessen mit diesen Füßen beschäftigen mussten. Das war kein Job für Chefs. Der niedrigste Sklave, der am untersten Ende der Nahrungsmittelkette stand, musste alle Füße waschen.

> Jesus hat diese Welt verändert wie kein anderer. Weil er freiwillig zum Diener wurde.

Die Jungs von Jesus liegen schon halb am Tisch und staunen nicht schlecht, als Jesus sich die Schürze umbindet. Sie erwarten den niedrigsten Sklaven und werden von Gott selbst bedient. Jesus kommt mit einer Schürze, einer Schüssel Wasser und kniet sich vor sie nieder. Er nimmt die niedrigste Körperhaltung ein, die ein Mensch damals haben konnte. Petrus hat den normalsten Reflex, den ein Mensch damals haben konnte: »NEIN!! Du bist Gott und ich bin's nicht – ich bin ein Stinkfüßler! *Du* darfst das nicht machen.« Und Jesus reagiert mit dem Hinweis, dass, wenn man groß in der Welt sein will, man einfach nur die Füße hinhält und sie waschen lässt. Aber wenn man groß im Himmelreich sein will, ist man derjenige, der die Füße wäscht.

Du machst einfach die niedrigste Arbeit für die Menschen in deiner Umwelt, selbst wenn du weißt, dass sie dich verraten werden. Du machst keinen Unterschied bei den Menschen. Du bist bereit zu tun, was kein anderer tun würde. Du hast ein dienendes Herz. Da Jesus Gott und gleichzeitig Mensch ist, ist es ihm nicht leichter gefallen als jedem anderen in diesem Raum, sich selbst so zu erniedrigen. Er hatte keine Engel, die ihm die Nase zuhielten – zumindest lese ich das an keiner Stelle so. Er stellt die Vorstellung in den Köpfen der Menschen über den Charakter Gottes einmal auf den Kopf. Gott ist kein Despot, der ohne Emotionen auf einem Thron sitzt und auf den Putz haut. Gott ist nicht jemand, der seine Untertanen zu sich ruft und sich bedienen lässt. Er nimmt den Menschen nicht die Würde.

Es steht so nirgends geschrieben, aber wie mag sich der Diener gefühlt haben, der diesen Job hätte machen müssen? Vielleicht war er krank und hat erst später gehört, was da passiert ist. Und wenn er doch vor Ort war? Wie hat er reagiert – mit Angst, bestraft zu werden, weil er seinen Dienst nicht getan hat? Ich glaube nicht, dass Jesus ihn vergessen hat. Er wird sicher dafür gesorgt haben, dass ihm nichts passiert. Dieser Sklave wird bis zum Ende seines Lebens nicht vergessen, was Jesus da *für ihn* auf sich genommen hat. Jesus hatte schließlich keine eigene Schürze, er muss sie irgendwoher bekommen haben. Hat er vielleicht persönlich mit diesem

Diener gesprochen und ihm seine Würde zurückgegeben? Jesus Christus ist der demütigste und gleichzeitig großartigste Mensch gewesen, der jemals diesen Erdboden betreten hat. Er ist kein Despot. Er ist liebevoll. Und er lebt uns die Kriterien vor, die im Königreich Gottes Erfolg ausmachen: ein sicherer Selbstwert, weil er weiß, dass er Sohn und Beauftragter Gottes ist. Und eine freiwillige Bereitschaft, sich selbst klein zu machen.

> Wer so dient wie Jesus, wird von Gott gesehen.

Es gibt keinen geschichtlichen Beweis, dass jemals eine Frau für ihren Mann den Dienst des Füßewaschens übernommen hat. Oder ein Chef für seinen Untergebenen. Es gibt keinen geschichtlichen Beleg, dass ein anderer Rabbi das für seine Jünger getan hat. Das wird nur von Jesus überliefert. Das ist Demut! Wer so dient, wird von Gott gesehen.

Wert ≠ Leistung

Gott würde seine Selfies mit den selbstlosen Dienern machen. Denn diese Leute erinnern ihn an sich selbst. Wenn wir in der Bibel lesen, dass wir Jesus ähnlich werden sollen, dann bedeutet das, dass wir ein dienendes Herz haben sollen. Es geht nicht darum, ein Hilfssyndrom zu bekommen und deshalb noch mehr draufzulegen – es geht um gesundes Dienen. Wenn du merkst, dass du ein Helfersyndrom hast, dann lass dir helfen, es abzulegen. Wenn dich dieses Kapitel triggert, also noch mehr dazu bringt, etwas zu tun, dann verstehst du mich falsch.

Es geht darum, dass du weißt, dass du von Gott geliebt bist und dass diese Liebe nicht davon abhängig ist, was du tust oder nicht tust.

Wenn du weißt, dass dein Wert von Gott abhängig ist, dann bist du in der Lage, einem Menschen in deiner Umgebung »die Füße zu waschen«, wie auch immer das dann aussieht. Du kannst Menschen dienen, ohne dich minderwertig zu fühlen. Ganz im Gegenteil. Du weißt, dass du in diesem Moment groß bist im Reich Gottes durch dein dienendes Herz.

> Der Reflex von uns Menschen nach den Kriterien in der Welt ist: »Dient mir!«
> Der Reflex von allen, die im Reich Gottes zu Hause sind, ist: »Wem kann ich dienen?«

Die Welt konsumiert und bewertet, was die anderen gemacht haben. Sie macht jedem deutlich, wie sie etwas findet. Das ist nicht die Gesinnung von Jesus. Er ist mittendrin in der Gesellschaft mit einem dienenden Herz – in der Familie, auf der Arbeit, in der Kirche. Jesus bietet an, was Gott ihm gegeben hat, und das können wir auch. Dafür musst du dein Potenzial kennen. Erst dann kannst du es auch wirklich ausschöpfen. In unserer Gesellschaft ist es gerade Trend, dass alle jüdischen-christlichen Wurzeln, die wir jemals gehabt haben, gekappt werden. Das betrifft die Bereiche in der Ethik, Sexualität, Haltung. Das klingt wie eine Befreiung, aber wenn das so weitergeht, wird es zum Desaster.

»Minister« bedeutet wörtlich »Diener«. Unsere Politik braucht Diener. Menschen, die ein dienendes Herz haben und sagen: »Ich bin da, um zu dienen, damit es meinem Volk gut geht.« Unsere Wirtschaft braucht Menschen, die nicht nur schnell Kapital machen wollen, sondern die Arbeitsplätze schaffen und so für sozialen Frieden sorgen. Menschen, die sich darauf fokussieren, nachhaltig zu dienen. Natürlich machen sie damit auch Geld – aber sie investieren auch in unser Land. Wir als Kirchen sollten die Menschen deshalb darin bestärken, dass sie eine Ausbildung machen. Wir dürfen nicht geringschätzig auf sie schauen, sondern müssen sie unterstützen. Gerade, wenn sie nicht Theologie studieren wollen. Lasst uns die Menschen unterstützen, die sich einbringen und die Welt verändern wollen, weil sie sich als Diener verstehen und somit komplett anders leben.

Ich wünsche mir eine Kirche, die Kinder mit dienenden Herzen hat, die zu Jugendlichen werden, die in die Politik gehen, um dort das Reich Gottes zu verbreiten, die ansteckend leben und mit ihren Gaben dienen. Menschen, die in die Wirtschaft gehen, um dort etwas zu verändern. Lasst uns diese Leute unterstützen, weil wir alle etwas davon haben. Wir brauchen dringend den Charakter von Jesus Christus in unserer Welt. Gott wertet nicht nach dem Status, sondern nach einem dienenden Herzen.

Gott wertet nicht nach dem Status, sondern nach einem dienenden Herzen.

So stellt sich Paulus vor: »Paulus und Timotheus, Diener Jesu Christi, an die Gemeinde in Philippi mit ihren Leitern und Diakonen« (Philipper 1,1-2; NGÜ). Alles, was Gott möchte, ist, dass wir mit einem dienenden Herzen in den Dingen treu sind, die Gott uns anvertraut hat. Wie würde sich das in der Familie, in der Firma, in der Kirche, in der Kleingruppe auswirken, wenn wir uns als Diener aneinander fühlen würden? Was für eine herrliche Welt wäre das?

Treue klingt wie ein altmodischer Begriff. Aber ich will mir angewöhnen, in den wenigen Gaben, die mir Gott anvertraut hat, treu zu sein. Und wenn ich »wenige Gaben« schreibe, schreibe ich das völlig ohne Minderwert oder Bitterkeit. Was Gott mir gegeben hat, weiß ich, und was er mir nicht gegeben hat, weiß ich auch. Ich will treu darin sein. Es gibt Tage, an denen ich null Bock habe, das mir Anvertraute einzusetzen. Ich bin müde, habe Kritik bekommen, es gibt Herausforderungen, mein Verein spielt. Es gibt Tage, an denen ich keine Lust habe und lieber etwas ganz anderes machen möchte. Aber ich will, dass mein Gott mich für treu befindet. Ich will, dass er sagt, dass ich das, was er mir gegeben hat, treu eingesetzt habe. Ich möchte, dass er sagt: »Wohl gemacht, du treuer und guter Knecht!« Wünschst du dir das auch für dich?

Ich möchte dich ermutigen: Du hast etwas von Gott bekommen. Diene darin, bewahre dir das Herz eines Dieners. Deine Belohnung kommt nicht von deinem Arbeitgeber oder deiner Familie, nicht vom Lob oder der Anerkennung deiner Leiter, nicht von deiner Kirche. Deine Belohnung kommt von höchster Stelle, von Gott selbst. Bleibe treu.

11

Ein Esel für den Herrn

Am nächsten Tag verbreitete sich die Nachricht, dass Jesus auf dem Weg nach Jerusalem sei, in der ganzen Stadt. Scharen von Menschen, die zum Passahfest gekommen waren, hielten Palmzweige in den Händen und zogen die Straße hinunter, ihm entgegen. Dabei riefen sie: »Gelobt sei Gott! Gepriesen sei, der im Namen des Herrn kommt! Heil dem König Israels!« Jesus fand einen jungen Esel und setzte sich darauf.
Johannes 12,12-14

Ich wünsche mir, dass Jesus in meine Stadt hineinreitet – dass er in jede Stadt hineinreitet. Meine Vision ist es, sein Esel zu sein. Ich möchte so gerne mit *ihm* in die Stadt hineingehen und *ihn* hineintragen. Den Jubel und die Begeisterung der Stadt zu erleben, wie die Menschen die Palmzweige vor Jesus ablegen! Wie unglaublich es gewesen sein muss, als Jesus damals vor dem Passahfest nach Jerusalem hineinzog. Da wäre ich gerne der Esel gewesen, der ihn trug.

Es begeistert mich nicht unbedingt, wenn Leute über die Credo Kirche sagen: »Wow, das ist aber eine großartige Kirche!« Natürlich habe ich nichts dagegen, dass Menschen unsere Kirche gefällt. Viel mehr würde es mich allerdings freuen, wenn sie sagen, dass sie in Kontakt mit Jesus gekommen sind. Es erfüllt mich mit einer unbändigen Freude, wenn Menschen das sagen: »Ich bin Jesus begegnet!« Das ist das Einzige, das trägt! Denn irgendwann wird dich auch in der besten Kirche jemand ärgern, und dann stellt sich heraus, warum du wirklich da bist – wegen der Menschen, des Gottesdienstes und des Drumherums oder wegen der Hauptsache. Wegen dem, um den es geht, oder wegen dem, wie es geht.

Jesus zu erleben, wenn wir als Kirche zusammen sind – egal, ob in großer oder kleiner Runde –, das ist ein Zeugnis, das mich beseelt. Selbst wenn es eine richtig doofe Kirche ist und du trotzdem kommst, nur weil du Jesus wiedersehen willst, weil du ein Date in der Kirche mit *ihm* hast, nicht mit Menschen, das begeistert mich.

Er muss wachsen

»Er muss wachsen, ich aber abnehmen« (Johannes 3,30; ELB). Das sagt Johannes der Täufer, als die Leute ihm berichten, dass er seine Anhänger an Jesus verliert. Dass Jesus jetzt der neue Star am Rabbi-Himmel ist. Johannes der Täufer ist davon nicht verstört. Er kennt seinen Platz und er weiß: Jesus hat die Hauptrolle!

Hat Jesus auch in der Geschichte deines Lebens die Hauptrolle? Ist dir bewusst, dass du nicht der Hauptdarsteller bist? Dass dein Leben kein Film ist, um dir möglichst viel Applaus einzuholen?

Niemand von uns ist Hauptdarsteller in Gottes Geschichte mit dieser Welt. Wir alle haben Nebenrollen im Lebensfilm. Doch diese Nebenrollen müssen die Hauptrolle tragen. Sie müssen Unterstützung für den Hauptdarsteller sein, ihm dienen, ihn groß machen. Deshalb ist es gut, wenn du wie Johannes der Täufer sagen kannst: »Er muss zunehmen und mein Ego muss abnehmen.« Er zieht ein und wir dürfen ihn tragen. Es geht nicht um den Esel, es geht um den König, der auf dem Esel einzieht. Dass der Messias auf einem Esel nach Jerusalem einzieht, wurde schon im Alten Testament angekündigt (Sacharja 9,9). Im Neuen Testament findet es dann die Erfüllung. Schauen wir uns die Story einmal an:

Als sie die Orte Betfage und Betanien erreichten, die in der Nähe des Ölbergs liegen, schickte er zwei Jünger voraus. »Geht in den Ort vor euch«, sagte er. »Wenn ihr hineinkommt, werdet ihr ein Eselsfohlen angebunden sehen, das noch nie geritten wurde. Bindet es los und bringt es mir. Wenn euch jemand fragt, was ihr da tut, dann sagt einfach: ›Der Herr braucht es.‹« Sie gingen und fanden das Eselsfohlen genau so, wie Jesus es gesagt hatte. Und als sie es losbanden, fragten die Besitzer tatsächlich: »Warum bindet ihr unser Eselsfohlen los?« Die Jünger antworteten: »Der Herr braucht es.« So brachten sie Jesus das Fohlen und warfen ihre Mäntel darüber, damit er darauf reiten konnte. Die Menschen breiteten ihre Mäntel vor Jesus auf der Straße aus. Als sie die Stelle erreichten, an der der Weg den Ölberg hinabführte, fingen alle seine Anhänger an, Gott mit lautem Jubel für die großen Wunder zu loben, die sie gesehen hatten. »Gepriesen sei der König, der im Namen des Herrn kommt! Friede in der Höhe und Ehre im höchsten Himmel!« Einige der Pharisäer in der Menge forderten ihn auf: »Meister, rufe deine Jünger zur Vernunft!« Doch er entgegnete ihnen: »Würden sie schweigen, dann würden die Steine schreien!«
Lukas 19,29-40

Stell dir vor, ich würde zu jemandem, den ich coache, sagen: »Hol mir mal dieses Auto da drüben, und wenn der Besitzer fragt, was du damit willst, sag einfach, ich brauche es.« Nur jemand, der mir sehr nahesteht, würde mir sein Auto einfach so überlassen. Der Besitzer des Esels hat entweder genau verstanden, wer Jesus ist, der seinen Esel braucht. Er kannte vielleicht die Aussage aus Sacharja 9 und gab seinen Esel deswegen ab. Oder der Heilige Geist hat es ihm in dem Moment gesagt. Wie auch immer: Dieser Eselbesitzer vertraute darauf, dass er mit dem, was ihm gehörte, Gott dienen konnte. Er glaubte daran, dass das, was die Jünger sagten, wahr war.

Jesus reitet dann auf einem Esel in die Stadt. In Sacharja 9,9 steht über ihn: »Er ist gerecht und siegreich, und doch ist er demütig und reitet auf einem Esel – ja, auf dem Fohlen eines Esels, dem Jungen einer Eselin.« Siegreich und demütig gleichzeitig, das zeichnet Jesus als König aus.

Wie wäre es, wenn Jesus so auch heute noch von einer Stadt in die nächste einziehen würde, siegreich und demütig? Und wenn sich sein Reich auch bei uns so ausbreiten würde? Wie wäre es, wenn wir die Esel sind, die ihn tragen? Der Herr braucht dich! Kannst du sein Esel sein, um ihm zu helfen, dass er Sieg und Demut in deine Familie hineinbringt, in deine Stadt, an deinen Arbeitsplatz, in deine Schule? Vertraust du ihm genug, dass du ihm das, was du hast – deine Ressourcen und Fähigkeiten, deine Zeit und dein Geld –, zur Verfügung stellst? Egal, wer du bist, ob du Theologie studiert hast oder einfach nur schon länger mit Jesus unterwegs bist – Jesus braucht dich! Er könnte auch allein in unsere Städte hineingehen und Veränderung bringen. Aber er arbeitet lieber mit dir zusammen. Er will das nicht ohne dich machen. Er sucht Partner. Leute, die wissen, dass es allein nur um ihn geht, um Jesus Christus!

Als Präses des BFP liegen mir diese Zahlen nahe. In Deutschland haben 60 Prozent der Städte mit über 5 000 Einwohnern keine BFP-Gemeinde, da ist nichts vorhanden. Wenn ich das meinen Freunden außerhalb Deutschlands erzähle, gibt es immer große Verwunderung, insbesondere bei meinen Freunden in Afrika und Asien. Sie können es kaum glauben, dass es 2 000 Jahre nach dem Missionsbefehl von Jesus immer noch »leere« Orte gibt. Diese 60 Prozent bedeuten ein Potenzial von mindestens 10 000 neuen Kirchen in Deutschland, die wir durch unseren Bund starten könnten. Diese Zahl ist ganz schön herausfordernd. Wir wissen ja, dass in großen Städten eine Gemeinde oft nicht ausreicht, um Menschen mit Jesus in Kontakt zu bringen. Da denke ich zum Beispiel an das große Potenzial, das wir im Osten unseres Landes haben.

In meinem Büro hängt eine Regionenkarte von Deutschland, auf der alle Gemeinden markiert sind, die wir mit unserem Bund bereits haben. Weiße Nadeln für bestehende Gemeinden, goldene Nadeln für Neugründungen und Fähnchen für mehr als drei Gemeinden in einer Stadt. In NRW knubbelt es sich weiß und gold – es ist eine Freude, das zu sehen. In Berlin und selbst in München – Fähnchen und goldene Nadeln. Aber im östlichen Teil Deutschlands herrscht gähnende Leere. Hie und da mal eine Nadel, auch goldene, die ich umso mehr feiere. Doch mein Herz wird traurig, wenn ich all die Städte ohne Markierung sehe. Gleichzeitig sehe ich das Potenzial, das es in unserem Land für Wachstum gibt. Ich sehe das Glaubenspotenzial. Die Möglichkeiten für jeden Jünger von Jesus, sich als »Esel« zur Verfügung zu stellen, auf dem Jesus in unsere Städte hineinreiten kann.

Wir haben in Deutschland schon viel erreicht, aber ich glaube an mehr. 80 Millionen Ungläubige in unserem Land – so kommt mir das nicht über die Lippen. Ich spreche lieber von 80 Millionen Noch-nicht-Gläubigen. Theologisch könnte man durchaus behaupten, es gibt 80 Millionen Verlorene. Aus meiner Sicht sind es 80 Millionen noch nicht Gefundene. Denn noch hat sich keiner aufgemacht, sie zu suchen. Die Bibel sagt uns, dass Jesus Christus ständig unterwegs ist, um zu suchen und zu retten, was verloren ist (Lukas 19,10). Verloren stimmt. Aber es ist noch nichts hoffnungslos verloren. Es gibt noch Zeit. So viele Leute warten nur darauf, dass Jesus sie findet. Sie wissen es nur noch nicht. Sie hatten noch keine Gelegenheit, sich das zu verdeutlichen.

Ich sehe das Potenzial für Wachstum in unserem Land.

Einheit und Ergänzung statt Groß-klein-Debatten

Mir ist klar, dass es Gemeinden gibt, die ums Überleben kämpfen, die stagnieren. Doch wird immer deutlicher: Wenn sich kleinere Gemeinden an eine Kirche dranhängen, die gerade ein Momentum hat, kann sich dieses geistliche Momentum auch auf sie ausbreiten. Daher kann ich nur empfehlen: Wenn du Leiter einer Kirche bist, die in den letzten zehn Jahren ums Bestehen, um Einfluss und Wachstum kämpft, suche dir Ergänzung bei anderen »Packeseln« in deiner Stadt. Stelle die Ressourcen, die Manpower und Gebäude deiner Kirche den anderen Kirchen zur Verfügung, damit sie das Momentum und den Geist der Erneuerung verstärkt in die Stadt hineinbefördern können. Spring auf die Welle mit auf! Es wird auch eure leidende Kirche erfrischen, wenn in der Stadt etwas aufgeht. Gerade wenn ihr eine kleine Glaubenskraft habt. Jesus ermutigt solche Gemeinden übrigens, nicht aufzugeben, sondern dranzubleiben:

> Ich weiß, wie du lebst und was du tust: Du hast nur wenig Kraft, aber du hast dich nach meinem Wort gerichtet und dich unerschrocken zu meinem Namen bekannt. Darum habe ich eine Tür vor dir geöffnet, die niemand zuschließen kann.
> *Offenbarung 3,8; NGÜ*

So kann es passieren, dass so manche Gemeinde, die schon am Eingehen war, beginnt, neu aufzublühen und zu gedeihen. Das ist ein Grund zum Jubeln!

Leider gibt es auch viele Gemeinden, die nicht bereit sind, neue Wege zu gehen oder neue Gemeinden zu gründen. Gemeindeleiter, die sich von ihrer kleinen Kraft entmutigen lassen, aus den selben Gründen, die es schon seit zweitausend Jahren gibt: keine

Mitarbeiter und kein Geld. Ich habe bisher immer erlebt, dass die Ressourcen kommen, wenn meine Projekte im gleichen Takt des Herzens Gottes schlagen und mein Herz voller Glauben ist. Es geht nicht darum, mehr Geld für einen Neuanfang zu haben. Es ist viel wichtiger, Leidenschaft und Vision zu haben. Was an Mitteln fehlt, folgt dann schon. Und wir unterschätzen die Kraft der Einheit! Oft sind wir als Gemeinde zu stolz zuzugeben, dass wir nicht alles haben und können. Dabei verlieren wir aus dem Blick, dass es nicht um den Esel geht, sondern um den, der auf uns Eseln in die Stadt zu den Menschen reiten möchte!

Stell dir mal vor, du könntest aus hundert Menschen zwei auswählen und die anderen wären halt verloren. Kannst du damit leben? Meiner Überzeugung nach dürfen wir mit diesem Gedanken nicht leben! Wir dürfen nicht mit falschen Endzeittheorien kommen und dem eigentlichen Ziel gegenüber neutral werden, weil uns unser eigener Status als Ortsgemeinde wichtiger geworden ist. Das ist ein Skandal. Und es bricht Gottes Herz.

Wir müssen die Nebenschauplätze aus unserem Denken und Handeln ausräumen. Nebenschauplätze sind Gespräche über große und kleine Gemeinden. Diskussionen darüber, wer groß und wer klein ist. Das ist kein Mindset, kein Maßstab, den uns die Bibel gibt. Das hat Jesus schon seinen Jüngern gepredigt, als die darüber debattiert haben (Matthäus 18,1-5). Im Königreich zählt das Prinzip der Dienerschaft und das Prinzip der Einheit. Die Bibel spricht immer nur von »der« Gemeinde, der *Ekklesia*. Eine lokale Gemeinde ist Teil der einen Gemeinde Gottes, egal, wie viele Menschen an diesem einen Ort dazugehören.

> Setzt alles daran, die Einheit zu bewahren, die Gottes Geist euch geschenkt hat; sein Frieden ist das Band, das euch zusammenhält. Mit »Einheit« meine ich dies: *ein* Leib, *ein* Geist und genauso auch *eine* Hoffnung, die euch gege-

> ben wurde, als Gottes Ruf an euch erging; *ein* Herr, *ein* Glaube, *eine* Taufe, *ein* Gott und Vater von uns allen, der über alle regiert, durch alle wirkt und in allen lebt.
> *Epheser 4,4-6; NGÜ*

Wichtig ist, dass wir diese Einheit bewahren. Dass wir einem Glauben zwischen uns Raum geben, der uns Anteil gibt an allem, was zum Leib von Jesus gehört. Daran zeigt sich, ob wir eine gesunde Gemeinde sind. Wenn wir von gesunden Gemeinden sprechen, dann sprechen wir von Gemeinden, die sich entwickeln und wachsen wollen. Polarisierung von großen und kleinen Gemeinden gegeneinander führt nicht zum Ziel. Das entspricht nicht dem Geist Gottes. Das bringt uns gegeneinander auf, dabei sind wir doch ein Team. Sein Frieden soll uns wie ein Band zusammenhalten! Es geht darum, Menschen mit Jesus in Berührung zu bringen. *Wir* sind die »Esel« für das Reich Gottes und seinen König. *Wir* sind die Kirche von Jesus Christus. Deswegen brauchen wir gesunde Gemeinden an kleinen *und* an großen Orten.

Falls Gott große Gemeinden in unsere Bewegung setzt, danken wir ihm dafür, denn sie haben die Aufgabe, Eisbrecher zu sein. Ein Eisbrecher ist ein Schiff, das das Eis zerbricht. Eis, das so stark ist, dass kleinere Schiffe allein keine Chance hätten. Aber wenn das Eis erst mal zerbrochen ist, wenn der Widerstand gebrochen ist, können die kleineren Schiffe folgen. Der Eisbrecher ist somit der Diener für alle, die noch kommen sollen. Die Bibel sagt: »Wem viel gegeben wurde, von dem wird viel gefordert, und wem viel anvertraut wurde, von dem wird umso mehr verlangt« (Lukas 12,48). Große Gemeinden sollen eine Schneise für viele kleinere schlagen. Das ist eine wichtige Verantwortung. Sie sollen unsere Städte und das Land aufbrechen, damit Menschen in Berührung mit Jesus kommen können.

Wir sind nicht dafür da, dass wir allein spielen. Wir haben den *gemeinsamen* Auftrag, die Heiligen – und das sind alle – anzuleiten und zu trainieren, dass wir andere ins Spiel schicken können.

> Er (Jesus) ist es nun auch, der der Gemeinde Gaben geschenkt hat: Er hat ihr die Apostel gegeben, die Propheten, die Evangelisten, die Hirten und Lehrer. Sie haben die Aufgabe, diejenigen, die zu Gottes heiligem Volk gehören, für ihren Dienst auszurüsten, damit die Gemeinde, der Leib von Christus, aufgebaut wird.
> *Epheser 4,11-12; NGÜ*

Wenn wir andere nicht ins Spiel bringen, ist das ein eindeutiges Zeichen dafür, dass wir nicht glauben, dass die Kirche wachsen wird und wir neue Kirchen gründen werden. Denn wenn die geistliche Tür aufgeht und wir niemanden haben, der vorbereitet ist, dann nützt uns selbst eine goldene geöffnete Tür nichts! Gott bereitet uns für den Moment vor, in dem er die Tür für Errettung öffnet. Es kann sogar sein, dass du gar keine geöffnete Tür siehst, weil du unvorbereitet bist. Eine nur theoretische Übereinstimmung ist wie eine tote Hoffnung, Glaube ohne Substanz. Denn Glauben ohne Werke ist tot.

Die erste Frage ist nicht, ob du eine kleine, große oder mittlere Gemeinde leitest. Auch nicht, ob du bzw. ihr schon bereit für Wachstum seid. Die erste Frage lautet: Gibt es Multiplikation bei den Leitern und Mitarbeitern *in* deiner Gemeinde? Machen Teamleiter sich überflüssig, indem sie Heilige in den Dienst ziehen, oder sind sie »unersetzlich«?

Nehmen wir mal an, in deiner Gemeinde begegnet kein Verlorener Jesus, aber du hast Leiter und Mitarbeiter multipliziert. Das ist ein Wert in sich! Du bist vor Burn-out geschützt, viele Leute sind am Start und es gibt mehr Ownership. Keine Sorge, genieße diesen

Moment! Es wird kommen, dass Gott Gelegenheiten schenkt, als Esel loszumarschieren zu den Menschen. Und dann seid ihr bereit!

Tipps für Leiter
Vielleicht fragst du dich jetzt, ob es *das* beste System gibt, um Leiter zu entwickeln. Die Antwort ist eindeutig: Nein! Da jede Gemeinde von der Individualität der Menschen, die sie gestalten, lebt, wird auch jede Gemeinde ganz individuelle Wege finden müssen, um eigene Leiter zu entwickeln. Aber: Du darfst dich durch Gemeinden inspirieren lassen, die schon Entwicklungstechniken haben! Connecte dich mit ihnen, schau ihnen zu und behalte das Gute. Komm zur BFP-Bundeskonferenz (auch wenn du keine BFP-Gemeinde leitest, können du und deine Familie oder Mitarbeiter als Gäste teilnehmen). Geh zur GRoW, zur STEPS, zur CREDO LEAD oder zum Hillsong-Netzwerk-Tag. Suche dir eine Konferenz (es darf auch ganz woanders sein), durch die du dich inspirieren lassen möchtest. Natürlich kannst du dich auch durch deine Bibel inspirieren lassen. Das Wichtigste ist, dass du dich aufmachst und etwas tust und nicht abwartest, bis der Segen vom Himmel fällt.

Leidenschaft macht deinen Glauben echt

Für alle, die Esel für den Herrn in ihrer Stadt sein möchten, gilt: Die Leidenschaft ist entscheidend. Mit dem Wort Leidenschaft verbinde ich immer zwei Reaktionen: die Leidenschaft, wenn man funkelnde Augen bekommt, und die Leidenschaft, wenn man sich aufregt.

Eine dieser Leidenschaften erlebe ich oft beim Autofahren. Ich verstehe die Menschen, die genau die Geschwindigkeit fahren, die erlaubt ist. Dieses Verständnis zu erlangen, hat mich auch schon einiges an Geld gekostet. Wenn man aber langsamer als erlaubt fährt, bringt mich das an den Rand meiner Heiligung. Ich beginne über das Gericht Gottes nachzudenken und Feuer, das vom Himmel fällt, und merke dann: »Nein! Jesus ist gekommen, um zu retten, und nicht, um Feuer regnen zu lassen!« Meine Rage bringt echte Leidenschaft in mir hervor! Diese Situation auf der Straße macht richtig was mit mir. Sie ist echt, es wird persönlich für mich.

Wie sehr kümmert es uns, dass Menschen heutzutage noch verhungern – alle drei Sekunden sterben Menschen, weil sie nichts zu essen haben. Diese Menschen sind u. a. Babys, die nicht selbst für ihre Nahrung sorgen können. Es stirbt also nicht nur ein Mensch. Mit diesem Sterben kommen Eltern, insbesondere Mütter, in seelische Nöte, die sich niemand von uns vorstellen kann. Es ist schon schlimm genug, wenn Kinder aufgrund einer unheilbaren Krankheit sterben. Aber wenn deine Kinder sterben, weil du sie nicht ernähren kannst – das hinterlässt keine Narben, das sind offene Furchen in einem Elternherz! Diese Realität ist ein Skandal und bricht das Herz Gottes. Sein Herz bricht, weil Menschen sterben, obwohl wir etwas tun könnten – in der Politik oder auch ganz persönlich durch unser Konsumverhalten.

Bringt dich das in Rage? Setzt es bei dir eine Leidenschaft frei, dieses Unrecht zu beenden? Ganz ehrlich, meine Seele kann solche Fakten nicht verkraften. Sie sind so anonym und sagen mir nicht wirklich was. Solange Fakten kein Gesicht bekommen, fällt es leicht, sie zu übergehen. Fakten und Statistiken werden erst dann etwas mit uns machen, wenn sie persönlich werden.

Im Jahr 2016 gab es 216 Millionen Menschen in 91 Ländern, die an Malaria erkrankt sind. 445 000 Menschen sind daran gestorben. Das war mir nicht nur nicht bekannt, dafür habe ich mich den größten Teil meines Lebens überhaupt nicht interessiert. So lange, bis meine große Tochter an Malaria erkrankte. Sie war bei einem Einsatz in Uganda dabei. Als sie sich zurückgemeldet hat, waren meine Frau und ich sehr glücklich darüber, dass sie wieder da war und dass scheinbar alles gut gegangen ist. Sie meinte, es ginge ihr nicht so gut, sie würde sich etwas hinlegen, weil sie ein bisschen Fieber habe. Es stellte sich heraus, dass es nicht nur ein bisschen Fieber war, sondern Malaria, und dass sie sofort ins nächste Krankenhaus musste.

Diese Situation hat mir das Malaria-Thema sehr schnell sehr nah gebracht. Vorher habe ich noch nie über Malaria nachgedacht. Wer bekommt denn schon Malaria? Aber jetzt war es eine persönliche Angelegenheit für mich. Als wir dann in Dresden unsere Malaria-geschwächte Tochter sahen, waren wir geschockt. Wir blieben ein paar Tage, sonntags wollten wir wieder zurück, den Gottesdienst mitgestalten. Unterwegs rief uns unsere andere Tochter an, die vor Ort geblieben ist, und sagte: »Sie schafft das nicht! Es könnte sein, dass sie stirbt!« Bis heute kann ich nicht davon erzählen, ohne dass mir Tränen in die Augen schießen. In diesem Moment änderte sich alles. Da waren es nicht mehr die 445 000 Malariatoten irgendwo – es war meine Tochter!

Wir drehten sofort um und fuhren zurück. Zwei Stunden Autobahn. Meine Frau und ich haben in einer Intensität gebetet, wie wir noch nie in fünfundzwanzig Jahren Christusnachfolge gebetet haben. Wir haben nicht das Vaterunser oder »Dein Wille, nicht mein Wille, geschehe« gebetet. Wir haben geweint und getobt und Gott angeschrien. Das habe ich noch nie vorher gemacht: »Gott, du *musst* eingreifen!« Da gab es kein »eventuell«, kein »Wenn du möchtest in deinem allmächtigen und großen Willen«, kein »Wir nehmen alles aus deiner Hand«. Wir haben von Gott gefordert, einzugreifen, denn das durfte doch nicht sein. Die Leidenschaft, die einen ergreift, wenn es persönlich wird, brach aus uns heraus.

Als wir spät am Abend im Krankenhaus ankamen, durften wir nicht mehr auf die Intensivstation. Die zuständige Krankenschwester versprach uns anzurufen, wenn irgendetwas passieren würde. Unsere Tochter hatte bereits ihre wenigen Habseligkeiten verteilt und bestimmt, was wer bekommen sollte. Das war doch nicht richtig – *ich* wollte etwas verteilen, wenn es bei mir einmal so weit war. Doch da lag nun meine kleine Tochter und hat alles vorbereitet, um zu sterben. Und wir lagen in irgendeinem Hotel im Bett und versuchten, diese Anspannung auszuhalten. Jetzt waren wir ganz persönlich herausgefordert, unseren Glauben zu investieren. Wir mussten es aushalten, dass meine Tochter in Gottes Hand war, und uns darauf verlassen, dass er es gut mit ihr meinte.

> Wenn es wirklich persönlich wird, wird die Leidenschaft aus dir herausbrechen.

Um Mitternacht klingelte mein Handy. Dieses Gefühl vergesse ich nie wieder. Unser damaliger Präses Roman Siewert war dran. Du kannst dir sicher vorstellen, was ich zu ihm gesagt habe: Ich habe mir Trost gewünscht! Doch Roman wusste im Glauben schon mehr als ich und sagte: »Friedhelm, mach dir keine Sorgen! Sie ist stark, sie schafft das!« Es kam so viel mehr Trost an, als ich erwartet hatte!

Ganz früh am Morgen klingelte das Handy wieder. Auf dem Display sah ich, dass meine große Tochter dran war. Ich dachte noch: »Wie hat sie ihr Handy auf die Intensivstation geschmuggelt?«, während sie schon sagte: »Papa, ich bin gesund! Gott hat eingegriffen!« Hinterher habe ich erfahren, dass sich viele Leute aus unserer Kirche spontan getroffen haben und die ganze Nacht über gebetet haben.

Seit diesem Erlebnis hat Malaria für mich eine komplett andere Bedeutung. Und die Statistik der Malariatoten löst starke Leidenschaft in mir aus. So muss Gott sich fühlen, wenn Menschen verloren gehen. Er kennt jeden Menschen persönlich und das Verlorengehen hat für ihn immer ein Gesicht. Deshalb ist es wichtig, Esel zu holen: Werkzeuge bereitzustellen, Kirchen zu gründen, Wachstum zu fördern. Damit neue Menschen mit Jesus Christus in Berührung kommen. Das ist der einzige Grund.

Es gibt ein paar Stellen in der Bibel dazu, dass Gott sich freut. Aber es gibt nur eine Stelle, wo über die Freude im Himmel geschrieben wird: Wenn nur *einer* sich zu Gott umkehrt, dann gibt es Freude im ganzen Himmel (Lukas 15,7). Diese Freude entsteht, weil Gott über diesen einen jubelt, für den sich *alles* gelohnt hat – Jesus! Wenn wir uns freuen, dass vierzig Leute umkehren, das ist *awesome*. Aber die Party im Himmel geht schon bei einem Einzigen los! Das ist Gottes Wertmaßstab. Er nimmt es persönlich, wenn nur ein Mensch verloren geht. Es sind keine gesichtslosen Zahlen und Fakten. Für ihn zählt der Eine, weil er jeden Einzelnen auf diesem Planeten persönlich kennt.

Treibt dich so eine himmlische Leidenschaft an, ein Esel für den Herrn in deiner Stadt zu werden? Motivieren dich der Jubel Gottes und sein Blick für den Einzelnen? Paulus sagt: »Bei allem ist das, was uns antreibt, die Liebe von Christus« (2. Korinther 5,14; NGÜ). Aus der Seelsorge wissen wir, dass es innere Antriebe gibt, die nicht gut sind: Druck, Zwang, Appell oder ein schlechtes Gewissen. Es gibt nur einen inneren Antrieb, der gut ist. Und das ist die Liebe von Christus, die uns wie bei Paulus dazu drängt, es nicht zu akzeptieren, dass über 81 Millionen Menschen nicht zu Gott umkehren. Wenn du verstehst, dass Gott das persönlich nimmt, wirst du nicht mehr derselbe sein. Dein Herz wird die Wichtigkeit für den Einen erfassen. Du wirst anfangen, für deine Stadt zu beten, du wirst Gottesdienste anders gestalten, du wirst Gott mehr suchen, du wirst auf der Landkarte suchen, welche Städte in deinem Einzugsgebiet sind. Es wird dir nicht mehr egal sein, was mit den Menschen ohne Kirche geschieht.

Wenn du Gleichgültigkeit verspürst, ist das immer ein Zeichen, dass die Liebe Gottes dein Herz noch nicht ganz durchdrungen hat. Damit fängt es an. Wenn wir vergessen, dass die Liebe Gottes uns antreibt, uns als dienende Packesel für Christus zur Verfügung zu stellen, dann sprechen wir über ein System, ein Modell oder Prinzipien. Dann vergessen wir, dass die Liebe Gottes in Gestalt von Jesus Christus gestorben ist, damit wir wieder in Gemeinschaft mit ihm leben können.

Die Mentalität von Eseln

Jesus hatte einen Auftrag. Er musste auf einem Esel in die Stadt Jerusalem hineinreiten. Hätte er das nicht getan, wäre er nicht der Messias. Er braucht Hilfe bei der Umsetzung. Hätte er keinen Esel gefunden, hätte sich die Prophetie nicht erfüllt. Jesus braucht also einen Esel.

Die Jünger finden diesen Esel, der einfach dasteht. Sie binden ihn los, nehmen ihn mit. Der Esel merkt, dass sich irgendwas auf ihn draufsetzt, und lässt sich in die Stadt leiten. Als der Esel die Stadt betritt, denkt er: »Das ist wohl der beste Tag meines Lebens! Die Menschen legen Mäntel und Palmenzweige vor mir nieder und ich laufe darüber und fühle mich wie auf Wolke sieben!«

Alle sehen das und die Menschen fangen an zu singen und zu jubeln. Wieder Insight Eselhirn: »Jerusalem sucht den Superesel und ich habe den Contest wohl gewonnen!«

Während er innerlich noch feiert, flüstert ihm ein kleiner Junge ins Ohr: »Die jubeln nicht wegen dir!«

Esel: »Wie jetzt, nicht wegen mir? Die jubeln doch, seit ich die Stadt betreten habe!«

»Ja, schon«, sagt der kleine Junge, »aber das hat nichts mit dir zu tun, sondern mit dem, der auf deinem Rücken sitzt!«

Ohne den Esel hätte Jesus nicht in die Stadt hineinreiten können und die Messias-Prophezeiung wäre nicht erfüllt worden. Aber es ging zu keinem Moment um den Esel.

Als ich darüber nachdachte, entstand in mir das folgende Bild: Ich sah vor mir unsere Deutschlandkarte und viele Kirchen und Leiter, die bereit sind, ein Esel zu werden, um Jesus in die Stadt zu tragen. Selbst nach über 2000 Jahren Missionsbefehl geht Jesus nicht von allein in eine Stadt oder ein Dorf. Er braucht Leiter und Gemeinden, die ihn wie der Esel in ihre Stadt hineintragen. Esel, die bereit sind, die Last zu tragen, die Schritte zu gehen. Nicht um sich selbst verherrlichen zu lassen und Esel-Ministrys zu gründen. Sondern nur mit dem einen Ziel: den, der auf ihnen sitzt, in die Stadt zu den Menschen zu bringen.

Du musst nicht der beste Nachfolger sein. Aber möchtest du so ein Esel sein, der Gott in die Dörfer und Städte in Deutschland hineinträgt? Es geht nicht um den Präses oder den Pastor oder in welcher Gemeinde du bist. Es geht nicht um das hypergalaktische Double-Annointed-of-the-Streetfolk-Ministry. Es geht nur darum, ein Esel zu sein, der Jesus dorthin bringt, wo er hinwill.

Wird es Menschen geben, die bereit sind, Jesus als Esel zu dienen? Die eine Leidenschaft für das entwickeln, für das Gott Leidenschaft hat? Damit dieses Land mit der besten Nachricht aller Zeiten durchdrungen wird – mit der Botschaft von Jesus Christus?

Ich glaube, das geht. Sehen tu ich es noch nicht. Ich *glaube* das. Und du?

Dünkirchen – Das Wunder der kleinen Schiffe

Das zu behaupten, dazu ermutigt mich ein geschichtliches Beispiel aus dem letzten deutschen Krieg. Dünkirchen, Mai bis Juni 1940. Zu der Zeit war Nazideutschland dermaßen im Vormarsch – alle Feinde in Europa waren besiegt. Frankreich hatte kapituliert, nur die Engländer waren noch nicht ganz eingeknickt. Sie waren auf dem Rückzug, Richtung Dünkirchen. Sie versuchten auf die Insel zurückzukommen und die deutsche Armee jagte ihnen hinterher. Das war der Ausgangspunkt: 370 000 englische Soldaten waren auf der Flucht, eingekesselt von den Deutschen. Hätte Deutschland diese Schlacht gewonnen, wäre dieser Krieg endgültig für Deutschland entschieden gewesen. Dann wären wir als Christen heute nicht mehr hier. Denn Hitler hatte deutlich gemacht: Wenn er mit den Juden fertig gewesen wäre, dann wäre die Kirche drangekommen. Der braune Geist bleibt nie nur bei einer Bevölkerungsgruppe stehen, er geht immer weiter zu den anderen. Er hätte die Christen nicht in Ruhe gelassen, erst recht nicht, weil wir jemanden anbeten, der Jude ist. Unser Messias ist Jude! Wir müssen nicht glauben, dass der Geist der Nazis jemals akzeptieren wird, dass der Löwe von Juda Autorität über Menschen haben darf!

Von Dover aus befehligte Vizeadmiral Bertram Ramsay die Operation. Er kam auf eine Idee, die schlichtweg genial war. Er organisierte alle verfügbaren Wasserfahrzeuge in Großbritannien – insgesamt 900 –, um sie zur Evakuierung der Truppen aus Dünkirchen einzusetzen. Selbst Fischkutter und Rettungsboote. Alles, was irgendwie in der Lage war, sich auf dem Wasser zu bewegen, kam zum Einsatz. Man sprach in Großbritannien später vom »Miracle of the Little Ships«, dem Wunder der kleinen Schiffe, obwohl der größte Teil der Soldaten mit Kriegsschiffen evakuiert wurde. Diesen 900 Booten und Bötchen gelang es tatsächlich, 338 226 englische Soldaten zu retten.

Als ich das für mich reflektiert habe, habe ich die Kirche gesehen. Da sind so viele Boote, Kriegsschiffe und Bötchen von überall her. Auch aus Wuppertal, ein mittelgroßes Boot aus Ostfriesland (mit Tee)! Wir nehmen alles, das sich auf dem Wasser der geistlichen Realität bewegen kann. Der Bund, in dem ich Teil bin, hat derzeit 1 000 Gemeinden. Der Leib Christi hat in diesem Land eine Unmenge mehr an Gefährten! Ich rede nicht davon, dass ein paar christliche Organisationen das schaffen können, sondern wir gemeinsam. Wir, der Leib. Die großen und die kleinen und die mittleren, die Kriegsschiffe, die Boote, die Bötchen – wir sind zusammen auf dieser Mission unterwegs, Menschen nach Hause zu Gott zu bringen.

Die mit den kleinen Booten haben damals in Dünkirchen nicht geweint, dass sie so klein sind, und dabei auf die anderen geschaut, die ja so groß sind. Jeder war damit beschäftigt, auch nur einige zu retten. So viele Menschen an Bord zu nehmen, die sie mittragen können, um sie nach Hause zu bringen.

12

Wer ist lauter – Riesen oder Knochen?

Mein Hobby ist Lesen. Es vergeht selten ein Tag, an dem ich nicht lese. Ich mag Biografien, aber manchmal lese ich auch Berichte, Statistiken und Recherchen, einfach, weil ich etwas herausfinden möchte. Zum Beispiel: Wo kommt die Angst her und was macht der normale Mensch dagegen?

1998 habe ich herausgefunden, dass es cirka 2000 Ängste gibt. Es gibt sogar die Angst davor, Angst zu haben. Jeder Mensch hat Ängste. Manchmal merken wir nicht, dass das, was wir gerade empfinden, eine Form der Angst ist. Wir haben uns daran gewöhnt, Angst zu haben. Ängste werden durch Erfahrungen, Verletzungen, Enttäuschungen oder traumatische Situationen erlernt. Angst ist ein gutes und hilfreiches Warnsignal. Doch manchmal braucht man ein ganzes Leben, um Ängste wieder zu verlernen.

Von Gott kommt keine dieser 2000 übertriebenen Ängste. Die Bibel sagt uns eindeutig durch Paulus und Timotheus, dass von Gott kein Geist der Furcht kommt. Johannes ergänzt, dass die vollkommene Liebe des Vaters jede Angst vertreibt. Diese 2000 Ängste – und alle, die seither noch dazugekommen sind und noch dazukommen werden – sind eindeutig aus dem Repertoire des Teufels, der sie in unsere Gedanken und Seele pflanzt. Deshalb müssen wir diese Ängste loswerden, damit wir tun können, was Gott mit und durch uns tun möchte.

Gute Hilfsmittel, um unnötige Ängste zu verlernen:

Gottes Wort	Befreiung
Lobpreis	Seelsorge
Proklamation	Therapeutische Gespräche
Gedankenhygiene	

Angst ist einer der besten und engsten Freunde des Unglaubens. Angst und Unglaube sind zwei Höllengesellen. Angst entspringt den Stimmen in uns. Es gibt auch Stimmen von außen, die uns Angst machen. Aber diese Stimmen in uns sind oft viel lauter als die Stimmen, die wir akustisch hören. Manchmal führt man sogar Diskussionen mit ihnen, die kein Mensch von außen sieht.

> Angst ist einer der besten und engsten Freunde des Unglaubens.

Hier möchte ich ansetzen und stelle dir die Frage: Wer redet lauter? Sind das die Riesen oder die Knochen?

Das ist eine komische Frage, magst du jetzt denken. Stell dir vor, vor dir steht ein Riese. Ein Riese ist immer größer als du, insbesondere wenn er vor dir steht, dann bist du ziemlich klein. Was macht das mit dir? Das erste Gefühl in so einem Moment ist Angst, richtig? Vor allem wenn du weißt, dass dieser Riese dir nicht wohlgesonnen ist. Da checkt man dann in Sekundenbruchteilen ab, wer größer, und somit stärker, und wer kleiner, und somit schwächer, ist. Der Riese muss gar nichts sagen. Das, was du in dir »hörst« und spürst, ist laut genug.

Wenn du aber nur einen Knochen siehst, hörst du nichts. Der könnte sogar von einem Riesen sein, egal. Bei einem Knochen bleibt es innerlich sehr leise. Selbst wenn er irgendwo verborgen ist und du auf ihn stößt. Ein Knochen löst keine lauten Gespräche in dir aus. Offensichtlich sind Riesen immer lauter als Knochen. Aber die Bibel, und somit Gott, sagt uns genau das Gegenteil: Die Knochen sollen laut predigen, die Riesen müssen schweigen!

Israel und die Riesen

Als Gott Mose einsetzte, um das Volk Israel aus der Sklaverei in Ägypten herauszuführen, machte er mit der Erfüllung seiner alten Verheißung an Abraham weiter. Er machte aus dem Glaubensvater Abraham ein Volk. Und jetzt würde er dem Volk auch das lang ersehnte verheißene Land geben.

Gott hatte diese Generation mit starken Armen aus Ägypten herausgeführt. Wegen der Israeliten wurden die Erstgeborenen der Ägypter vernichtet. Eine Feuersäule und Wolkensäule führten und schützten sie bei Nacht und tagsüber. Gott hat Wasser geteilt, damit sie trockenen Fußes durch ein Meer gehen konnten. Um ihren Hunger während des Marsches zu stillen, erhielten sie täglich frisches Brot direkt aus dem Himmel. Und als ihnen das zu langweilig wurde, gab es sogar Fleisch! Geschenkt, ohne Jagdaufwand! Nicht mal die Hälfte dieser Wunder habe ich gesehen. Ich bin schon froh, dass ich in Zungen beten kann.

Jetzt stehen sie vor dem Land, das sie einnehmen sollen. Das Land, für das ihre Vorfahren Glauben hatten. Stell dir das mal vor! Ich hätte sicher ein Fest gefeiert! Endlich am Ziel. Endlich sehen, was sie alle im Glauben festgehalten haben! Mose wählt zwölf Kundschafter aus und gibt ihnen diesen Auftrag:

> Mose gab den Spionen folgende Anweisungen mit auf den Weg: »Nehmt den Weg durch den Negev und steigt dann ins Gebirge hinauf. Findet heraus, wie

die Beschaffenheit des Landes ist und ob die Leute, die dort leben, stark oder schwach, wenige oder viele sind. Macht ausfindig, ob das Land gut oder schlecht ist und ob die Städte befestigt oder unbefestigt sind. Findet weiter heraus, ob der Boden fruchtbar oder karg ist und ob es dort Bäume gibt oder nicht. Seid mutig! Und bringt Kostproben der Früchte des Landes mit.«
4. Mose 13,17-20

Mutig sollten die Spione sein. Informationen und Kostproben mitbringen. Das machen die Männer auch. Mit dabei sind auch Josua und Kaleb. Kalebs Bericht von der Landerkundungstour endet mit mutigem Tatendrang: »Lasst uns sofort aufbrechen und das Land einnehmen, denn wir können es ganz bestimmt erobern!« (Vers 30). Die anderen Boten kommen da allerdings zu einem ziemlich anderen Ergebnis:

»Wir können nicht gegen sie in den Kampf ziehen, denn sie sind stärker als wir.« Und sie stellten den Israeliten das Land, das sie erkundet hatten, negativ dar: »Das Land, durch das wir gezogen sind, um es zu erkunden, verschlingt seine Bewohner. Die Menschen, die wir dort gesehen haben, sind sehr groß. Sogar die Riesen, die Anakiter, haben wir gesehen. Wir kamen uns neben ihnen wie Heuschrecken vor, und in ihren Augen waren wir das auch.«
4. Mose 13,31-33

Ein Land, das seine Bewohner verschlingt? Nüchtern betrachtet, kann man leicht sagen: »Das ist doch voll übertrieben!« Aber jetzt kommt die Angst! Die meisten im Volk glauben nicht Kaleb. Sie hören den angstvollen Berichten zu: »Sie weigerten sich, dem Herrn, ihrem Gott, zu gehorchen. Ängstlich hockten sie in ihren Zelten und klagten: ›Der Herr hasst uns! Er hat uns nur aus Ägypten geholt, damit die Amoriter uns angreifen und vernichten!‹«

(5. Mose 1,26-27; HFA). Wie abgespaced ist das denn! Es gab doch schon so viele Zeichen und Wunder!

Diese Leute glauben doch tatsächlich, sie seien Opfer. Der Herr sei *gegen* sie! Und sie entwickeln so eine Opfermentalität, dass sie vor lauter Angst die schlimmsten Lügen auf Gott projizierten: »Der Herr hasst uns! Er hat uns nur aus Ägypten geholt, damit die Amoriter uns angreifen und vernichten!« Als ob! Das denken sie, weil es nicht so gelaufen ist, wie sie es sich gewünscht haben.

Mutkiller

Genau da habe ich mich wiedergefunden. Hast du auch schon mal gedacht: »Der Herr könnte in meiner Kirche ruhig mal ein bisschen mehr Gas geben«? Oder: »Der Herr ist gegen mich! Sonst würde es mir doch viel besser gehen!«? Das hat noch keiner von uns genau so ganz offen gesagt, aber ich glaube, viele haben das schon gedacht – und ich weiß von mir, dass *ich* so etwas schon gedacht habe.

Der Mann aus dem Gleichnis mit den Talenten, das Jesus erzählt,[12] der sein Talent vergraben hat, hatte die Ausrede: »Ich wusste, dass du ein harter Herr bist!« Wie kam er darauf? Ein harter Herr – er hatte das Talent doch von diesem Herrn *geschenkt* bekommen! Der Teufel will, dass wir schlecht über Gott denken. So nimmt er jede Gelegenheit wahr, um unser Denken zu verwirren, und lässt uns vergessen, wer der Ursprung unseres Handelns ist.

Bei den Israeliten, die nicht das Land einnehmen wollen, geht das Gefühle-gegen-Gott-Reden sogar noch weiter. Sie sagen: »Warum sollten wir ihnen freiwillig in die Arme laufen? Die Kundschafter haben uns allen Mut genommen« (5. Mose 1,28; HFA). Da frage ich mich: *Wie* haben die Kundschafter denn den Mut genommen? Und kann man Mut überhaupt wegnehmen?

Es passierte durch Worte. Worte, die auf Ohren trafen, die diese Worte glaubten. Die Kundschafter, die nicht im Glauben redeten, ließen damit zuerst mal in ihre eigenen Herzen die Angst hinein. Dann betonten sie die Unmöglichkeit und das übergroße Risiko für den Plan, dieses besetzte Land einnehmen zu wollen. Sie redeten gegen die Versprechen Gottes, voller Unglauben. Sie sahen etwas, was ihnen Angst machte. Das sickerte in ihre Köpfe und von dort aus in ihren Mund. Mit diesen Worten raubten sie den Mut aus dem Volk, sodass es nicht mehr bereit war, in das Land hineinzugehen.

Sich den Mut nehmen zu lassen, ist eine Katastrophe. Denn Mut treibt an, Angst bremst. Mut lässt uns das Risiko eingehen, dem Reden Gottes zu glauben und loszugehen.
Angst lässt uns gegen Gott reden.

> Sich den Mut nehmen zu lassen, ist eine Katastrophe. Denn Mut treibt an, Angst bremst.

Die Kundschafter haben nicht gesagt, was sie selbst gedacht haben oder wie ihre Emotionen aussahen. Sie haben auch nicht gesagt, was Gott gesagt hat, sondern nur: »Die Menschen dort sind größer und stärker als das Volk Israel. Wir waren in ihren Augen wie Heuschrecken!« (Vers 33). Woher wussten sie das denn, was diese Riesen über die Israeliten dachten? Haben sie mit »denen« etwa gesprochen? Nein. Sie haben Kopfkino gehabt und das ausgesprochen. Auch aus dem Volk fragte niemand nach: »Ja, hast du mit ihnen gesprochen?« Jeder nahm das einfach hin. Auch die Leute im Volk wollten lieber dem Kopfkino Raum geben als dem glaubensvollen Bericht von Josua und Kaleb. Denn das hätte ja Überwinderkraft gekostet. Da hätte man nur mutig sein und aufstehen müssen. Ein Risiko eingehen ... Vielleicht waren diese Sklaven einfach auch zu träge. Da kam die Angst doch ganz gelegen.

So mussten die Kundschafter auch nicht zugeben, dass sie es nur gespürt haben. Es war nur ein Gefühl. Sie haben nicht mit den Einwohnern des Landes gesprochen. Sie hatten nur dem eigenen Minderwert zugehört. In den Spähern hatte der sehr laut gesprochen: »Wir sind klein und können das nicht schaffen! Wir sind Heuschrecken, wir kriegen das nicht hin. Eigentlich will Gott uns nur ärgern.« Von außen kam da nichts. Sie haben ihre eigenen Gedanken so für bare Münze genommen, dass sie zu ihrer Realität wurden.

> **Angst sagt: Das passiert, weil Gott gegen uns ist.**
> **Mut und Glauben sagen: Das passiert, weil der Teufel nervös ist.**

Wie bewertest du Widerständeh? Die du in deinem Leben hast? In einem sterilen Klima, in dem es keine Bakterien und Herausforderungen gibt, wächst keine Widerstandskraft! Deshalb muss es Herausforderungen geben.

Glauben ist nie neutral. Glauben sagt: »Ich habe Angst, aber ich rechne mit Gott!« Angst ist auch nie neutral. Angst sagt: »Ich habe Angst, ich schaffe es nicht. Ich rechne Gott raus!« Nur: Wenn du Gott aus deiner Gleichung rausrechnest, dann kann die Gleichung nicht aufgehen. Denn dann fehlt die wichtigste Variable. Der Plan für dein Leben ist ja *sein* Plan. Deshalb ist Gott immer Teil der Gleichung: »Nicht durch Gewalt und Kraft wird es geschehen, sondern durch meinen Geist, spricht der Herr, der Allmächtige« (Sacharja 4,6).

Der Worst Case gab in dieser Situation den Ton an. Die Kundschafter sagten: »Ihre Städte sind Festungen, die bis zum Himmel reichen. Auch die Anakiter leben dort; sie sind Riesen!« (5. Mose 1,28; HFA). Wenn jemals Übertreibung nicht angesagt war, dann war es in diesem Moment. Angst setzt dir immer die Worst-Case-

Brille auf und legt noch eine Lupe davor. Wer im Glauben redet, redet dagegen so, wie Josua und Kaleb es taten:

> »Lasst euch doch keine Angst einjagen! Fürchtet euch nicht vor ihnen! Der Herr, euer Gott, geht vor euch her! Er selbst kämpft für euch, genau wie er es in Ägypten getan hat. Ihr habt es doch mit eigenen Augen gesehen! Und ihr habt auch erlebt, wie der Herr, euer Gott, euch auf dem Weg durch die Wüste geholfen hat. Bis hierher hat er euch getragen wie ein Vater sein Kind.«
> *5. Mose 1,29-31; HFA*

Wer redet hier eigentlich? Das ist die zentrale Frage: Was sagen Menschen, was sagt meine Seele, was redet der Feind und was sagt Gott?

Die Furcht vor Menschen fragt: Was sagen Menschen?
Die Furcht vor Gott fragt: Was sagt Gott?

Kann es sein, dass du nicht weit weg bist von dem, wozu Gott dich berufen hat? Es ist alles da und du müsstest nur den ersten Dominostein antippen, dann würde eine Kettenreaktion in Gang kommen. Aber du traust dich nicht, den ersten Stein anzutippen, weil du zu viele Gedanken hast, zu viele Befürchtungen, zu viele Ängste zu versagen. Lass dir nichts einreden! Fang an, deine Berufung freizubuddeln. Fang an, dich zu fragen, was Gott zu dir gesprochen hat. Wo ist das Reden Gottes geblieben? Welche Riesen haben dich eingeschüchtert, weil sie in dir lauter reden? Was hörst du in dir? Das, was Gott gesprochen hat, oder die Mutkiller, die in deinen Gedanken vor dir stehen? Sind deine Mutkiller echte, reale Riesen oder sind es nur Gedanken, die durch dein Kopfkino gewachsen sind?

Die Angst vor den Riesen hat das Volk Israel voll lahmgelegt. Eigentlich hatten sie Angst vor den Gerüchten über die Riesen im Land! Dabei hätten sie eine andere »Predigt« des Glaubens bei sich gehabt. Hätten sie Ohren gehabt, um sie zu hören …

Israel und die Predigt der Knochen

Wir spulen in der Geschichte etwas vor, zu Josef, Lieblingssohn von Jakob, einer der zwölf Stammväter vom späteren Volk Israel. Er ist der, der von den eigenen Brüdern aus Eifersucht nach Ägypten als Sklave verkauft wurde, weil er geträumt hatte, dass er der Boss von allen werden würde. Inzwischen ist sein ganzes Volk in Ägypten angesiedelt, gesund und wohlauf, und Josef steht kurz vor seinem Tod:

> Als Josef merkte, dass er bald sterben würde, versammelte er seine Brüder um sich und sagte: »Mein Leben geht bald zu Ende. Aber Gott wird euch zu Hilfe kommen, darauf könnt ihr euch verlassen. Er wird euch aus Ägypten herausführen und in das Land bringen, das er Abraham, Isaak und Jakob versprochen hat. Schwört mir, dass ihr meine Gebeine mitnehmt, wenn Gott euch nach Kanaan bringt!« Die Brüder schworen es. Josef starb im Alter von 110 Jahren. Sein Körper wurde einbalsamiert und in einen Sarg gelegt.
>
> *1. Mose 50,24-26; HFA*

Josef wusste etwas und dass es garantiert passieren wird. Er wusste von Gott: »Jetzt sind wir zwar in Ägypten, aber eines Tages werden meine Verwandten und mein Volk von Gott in das Land geführt, wo Milch und Honig fließen – in *das* Land überhaupt.« Er wusste, dass er es nicht erleben würde, dennoch hatte er Glauben im Jetzt, im Moment des Todes, in der Gegenwart, und gleichzeitig für die Zukunft. Diese Zukunft war für ihn als jemanden, der regelmäßig prophetische Träume über die Zukunft hatte, so real, dass er auf seinem Sterbebett seinen Verwandten sagte: »Wenn Gott euch hier herausführt, dann nehmt meine Knochen mit.« Er nahm ihnen dieses Versprechen sogar als Schwur ab! Was sagt man denn zu einem Verwandten, der auf dem Sterbebett liegt und einen schwören lässt? Widerspricht man einem alten weisen Mann oder verspricht man alles? »Klar, das machen wir! Auf jeden Fall!« Josef sah selbst in diesem letzten Lebensmoment, was Gott später tun will. Er hatte das von seinen Vorfahren schon mitbekommen. Abraham, Isaak, Jakob – in der vierten Generation lebte Josef nun aus dem Glauben daran, dass passieren wird, was Gott einmal versprochen hatte. Er wusste, was Gott einmal tun wird. Er trug diese Zusage so in seinem Herzen, als ob er sie als erste Generation gehört hätte.

Es gibt also Zusagen, die ich während meines Lebens erlebe, und solche, für die ich die Weichen stellen kann. Versprechen Gottes, die weit über meine Lebenszeit hinausgehen. Abraham hat eine Vision, die hat er an Isaak weitergegeben. Isaak gibt sie wiederum an Jakob weiter und der an Josef. Zu diesem Zeitpunkt ist es schon eine sehr alte Vision. Würden wir noch daran glauben? Doch Josef veranlasst der Glaube dazu, den Auftrag an seine Nachfolger zu erteilen, dass seine Knochen mitgenommen werden, wann Gott auch immer diese Vision erfüllen wird.

Das lehrt mich, dass ich eine Vision brauche, die über mein Leben hinausgeht. Das Leben ist eben nicht nur unsere *Life time*, sondern auch unsere *Life line*! Es geht nicht nur um Lebenszeit, sondern auch um unsere Lebenslinie! Ein Grund, warum ich Teil bin vom BFP, ist: Ich möchte Teil von etwas Größerem sein. Ich möchte nicht nur etwas zu meinen Lebzeiten erleben, sondern dass etwas bleibt, wenn ich sterbe, und über mein Leben hinaus noch weitergeht.

Einer meiner Begleiter ist Scott Wilson. Scott ist seit über zwanzig Jahren in Dänemark ansässig und als Führungstrainer und Coach für Kirchenleiter tätig. Er ist Präsident von Eurolead.net, einem Netzwerk von Kirchen in Europa. Er ist außerdem Gründer und Direktor des *Institute for Creativity, Leadership and Management* (ICLM). Scott reist viel, unterrichtet und schult Leiter. Er verfügt über zwei Master-Abschlüsse, einen in Theologie und einen in Organisationsentwicklung. In einem unserer Gespräche erzählte mir Scott einmal von einem Rat, den sein Berater ihm einmal gegeben hatte: »Schreib alles auf, was du an Visionen und Eindrücken hast.« Mein Mentor geht zu einem Ratgeber – das ist gut und ergibt Sinn und ermutigt mich, mich beraten zu lassen! Wenn dein Berater dir etwas sagt, dann machst du die Hausaufgaben. So schrieb Scott alles auf, was an Visionen zu ihm kam, und sie flossen. Wilsons Berater lobte ihn dafür: »Well done!«

Wenn wir keinen Traum haben, der über unser Leben hinausgeht, dann ist unser Leben wertlos.

Was will ich damit zum Ausdruck bringen? Noch einmal die Geschichte des Brotbaums aus Kapitel 3 – jetzt unter einem anderen Aspekt: Der Mann, der den Brotbaum pflanzt, lässt sich nicht durch die Aussage von Honi, dass das doch dumm sei, aus der Ruhe bringen, sondern erklärt, warum er den Brotbaum pflanzt: »Ich esse die Früchte der Bäume, die meine Väter und Großväter für mich gepflanzt haben, und deshalb pflanze ich für meine Kinder und Enkel, die es dann genießen dürfen.«

So verstehe ich das, dass wir als Bund gemeinsam Kirchen pflanzen müssen, die nicht nur für die heutige Generation, sondern bis in die nächste und übernächste Generation hineinreichen. Kirchen für unsere Kinder und Kindeskinder. Wir müssen lernen, langfristig zu denken! Gottes Wort gibt diese Vision vor: Wenn Jesus wiederkommt, um seine sichtbare Herrschaft anzutreten, wird er eine Kirche finden, die die Generationen überdauert hat. Seine Ekklesia, die von den Pforten der Hölle und allen Riesen nicht überwunden werden konnte.

In neue Kirchen zu investieren ist kein Modetrend, sondern eine Vision, die über unser Leben hinausgeht. Wir investieren für unsere leiblichen Kinder und auch für unsere geistlichen »Ausbildungskinder«. Wir investieren für die nachfolgenden Generationen. Es ergibt tatsächlich Sinn, wenn du eine Kirche und noch eine und noch eine pflanzt. Diese Kirchen werden dein Himmelskonto noch füllen, wenn du schon lange beim Heiland bist. Dein Konto füllt sich, weil sich in diesen neuen Kirchen immer noch Menschen für Jesus entscheiden. Diese Rendite bekommst du auf Erden nicht. Wenn du stirbst, kannst du nicht mehr ernten. Es wäre geradezu dumm, nicht in neue Kirchen zu investieren.

Mich motiviert diese Vision sehr – und dich?

Hellen Keller, eine amerikanische Schriftstellerin, die blind und taub war, sagte einmal: »Es gibt nur eine Sache, die schlimmer ist, als nicht zu sehen. Das ist, keine Vision zu haben.« Das meine ich – keine Vision für das Leben hier auf der Erde zu haben, ist schlimmer als alles, was uns hier auf Erden fehlt.
Da kannst du einsetzen, was du magst. Visionslosigkeit wird immer schlimmer sein.

Es gibt nur eine Sache, die schlimmer ist, als nicht zu sehen. Das ist, keine Vision zu haben.

Zurück zu Josef. Er ist gestorben, einbalsamiert und liegt im Sarg. Die Verwandten haben ihm ihre Zusage gegeben und 337 Jahre später sind von Josef nur noch ein paar Knochen übrig. Doch der Moment ist gekommen. Israel wird von Gott aus

Ägypten herausgeführt und es geschieht wirklich: Die Knochen von Josef werden mitgenommen. Es muss so gewesen sein, dass die Familie von Josef eine Tradition entwickelt hatte und dass sie den Schwur von einer Generation zur nächsten weitergegeben haben. Und nicht nur das: Sie haben sich auch übermittelt, wo die Knochen aufbewahrt wurden. Wie sonst könnten wir in der Bibel lesen: »Mose nahm den Sarg mit den Gebeinen Josefs mit. Josef hatte nämlich den Israeliten ein Versprechen abgenommen und gesagt: ›Gott wird euch bestimmt eines Tages zu Hilfe kommen und euch aus Ägypten herausführen. Dann nehmt auch meine Gebeine von hier mit!‹« (2. Mose 13,19; HFA).

Jetzt muss irgendein Anverwandter die eigenen Klamotten, die Klamotten der Frau und Kinder mitnehmen und zusätzlich auch noch die Knochen von Josef buckeln. Ob er gecheckt hat, dass er da einen ganzen Haufen Glaubenskraft mitschleppte? Oder dachte der eher in die Richtung: »Was ist das für ein Schrott! Wie kam der Urururururopa Josef nur auf so eine Idee! Jetzt latsche ich durch die dermaßen heiße Wüste und muss auch noch diese alten Knochen tragen«? Die Nachkommen Josefs schleppten das Versprechen Gottes auf ihren Schultern mit und erkannten nicht, welche Verheißung sie bei sich tragen. Warum sonst konnten die Riesen lauter sein, obwohl die Knochen die ganze Zeit »predigten« und sie an die Verheißung – den erfüllten Glauben ihrer Vorfahren – erinnerten? Doch das Volk und ihre Anführer hören auf die Riesen anstatt auf die Knochen. Das ist absurd! Sie trugen doch die Knochen, weil Josef Gott geglaubt hatte, dass die Israeliten in das verheißene Land hineinkommen werden! Die Knochen waren ein Symbol für das Versprechen Gottes. Aber die, die sie bei sich trugen, haben das gehört und doch nicht gehört.

Nur Josua, Kaleb und ein paar Knochen kamen in das verheißene Land.

Es wird sogar noch absurder: Die Knochen derer, die Josefs Knochen aus Ägypten getragen haben, verblichen in der Wüste. Die Knochen der Träger hat nämlich keiner mehr weitergetragen, die Knochen von Josef aber schon. Da, wo Josef Glauben hatte, waren bei den Leuten jetzt Unglaube und Angst. Deshalb richtet Gott diese Knochenträger-Generation:

> So wahr ich lebe, werde ich euch genau das antun, mit dem ihr mir in den Ohren gelegen habt, spricht der Herr. Ihr alle sollt hier in der Wüste sterben! ... Eure Leichen werden jedoch in der Wüste verwesen. Und eure Kinder müssen die Folgen eurer Treulosigkeit tragen. Sie sollen 40 Jahre lang als Hirten durch die Wüste wandern, bis auch der Letzte von euch in der Wüste gestorben ist.
> *4. Mose 14,28-29.32-33*

Das Versprechen Gottes und der Glauben der Vorväter Abraham, Isaak, Jakob und Josef war eine Tradition geworden, die für die Auszugsgeneration ihren Sinn verloren hatte. Einfach etwas, was man tat, weil die vor ihnen das schon getan haben. Doch das Warum war verloren gegangen.

Kennst du das? Gibt es in deinem Leben etwas, was du einfach nur tust, weil man es immer schon so gemacht hat? Was wäre, wenn dahinter eine Verheißung Gottes versteckt ist? Würde es dich ermutigen, die »Knochen« zu tragen, wenn du sie kennen würdest? Oder besser noch: Würde es dir sogar eine Vision dafür geben?

Was bin ich erleichtert, dass niemand dabei war, der die Idee hatte, die Knochen zu verkleinern und als Reliquien zu verkaufen! Als das Land dann endlich eingenommen wurde, wurden die Verheißung Gottes und der Schwur an Josef eingelöst: »Die Gebeine Josefs, die die Israeliten aus Ägypten mitgenommen hatten, als sie Ägypten verließen, wurden in Sichem begraben, auf dem Land, das Jakob von den Söhnen Hamors, des Vaters von Sichem, für 100 Kesita gekauft hatte« (Josua 24,32).

Riesen wie Brot fressen

Nur zwei Leute aus dem ganzen Volk Gottes waren aus der ursprünglichen Generation, die aus der Sklaverei befreit wurde, übrig und erlebten den Einzug in das verheißene Land. *Zwei* von Tausenden – Josua und Kaleb. Und natürlich die Knochen von Josef. Zwei Männer plus ein paar Knochen, das war alles, was von der Generation übrig blieb, die das Wunder der Meerteilung, das Manna, die Übergabe der Gesetze Gottes und so viel mehr mit Gott in der Wüste erlebt hatte. Woher hatten Josua und Kaleb ihren Glauben, während alle anderen im Volk Gottes sagten, dass die Riesen zu groß sind, und keine Vision für die Verheißungen Gottes hatten?

Sie waren keine Idioten! Josua und Kaleb haben auch gesehen, wie groß die Riesen sind. Natürlich erwarteten sie auch, dass sie verprügelt werden würden, denn Israel wollte schließlich das Land einnehmen, in dem diese Riesen bisher ihre Existenz hatten. Das ist bis heute Realität: Wir wollen etwas für Gott tun und in diesem Moment tauchen Riesen auf, die uns unüberwindbar erscheinen. Riesen, die immer schon da waren und deren Existenzgrundlage durch den Auftrag Gottes infrage gestellt bzw. vernichtet wird.

Josua und Kaleb geben noch mal ihr Bestes, um gegen die Angst bei den Leuten vorzugehen:

> »Das Land, das wir durchzogen haben, um es auszukundschaften, das Land ist sehr, sehr gut. Wenn der Herr Gefallen an uns hat, so wird er uns in dieses Land bringen und es uns geben, ein Land, das von Milch und Honig überfließt.

> Nur empört euch nicht gegen den Herrn! Und fürchtet doch nicht das Volk des Landes, denn unser Brot werden sie sein! Ihr Schutz ist von ihnen gewichen, und der Herr ist mit uns. Fürchtet sie nicht!«
> *4. Mose 14,7-9; ELB*

Wie kommen Josua und Kaleb zu der Aussage: »Lass die Riesen doch quatschen, wir werden sie essen wie Brot«? Riesen wie Brot fressen – darauf muss man erst mal kommen! Wie isst man denn Brot? Man isst den Brotlaib ja nicht in einem Stück, sondern Schnitte für Schnitte. Da wird sogar noch Butter draufgestrichen! Während alle anderen also dachten: »Wir sind kleine Heuschrecken, die werden auf uns rumtrampeln!«, kommt Josua zu einer komplett anderen Bewertung der gleichen Situation. Er hat die gleichen, nein, sogar dieselben Riesen wie alle anderen Spione gesehen und doch eine komplett andere Perspektive.

Wie kommt Josua zu seinem Glauben? War das ein souveräner Akt Gottes? *Bäm!* Und Josua war erleuchtet? Um das herauszufinden, habe ich die Bibel genauer gelesen und nachgeforscht. Josua kam aus dem Stamm Ephraim. Ephraim war ein Sohn Josefs. Und als mir das bewusst wurde, wusste ich: Im Stamm Ephraim war der Glauben überliefert worden. Denn das waren die Nachkommen Josefs. Das waren die, die sich von Generation zu Generation die Geschichte der Knochen erzählt haben. Eine Wortbedeutung von Ephraim ist »doppelt fruchtbar«. Der Name »Jesus« kommt aus dem gleichen Wortstamm.

Josua war sonnenklar, dass sein Ururur…großvater vor 337 Jahren schon gewusst hat, dass eine Zeit kommt, in der Gott seine Nachfahren aus Ägypten in das verheißene Land führt. Josua war das so präsent, denn die Knochen sprachen offensichtlich lauter zu ihm als die großen Riesen. Es fasziniert mich, dass in den Knochen von Josef mehr Glauben war als im ganzen Volk Israel zusammen!

Deshalb möchte ich dich in diesem Moment fragen: Wem erlaubst du, zu dir zu sprechen? Welche »Knochen« sollen zu dir sprechen, und du hörst sie nicht, weil die Riesen und Ängste lauter sind als die Knochen, die Gott in dein Leben gelegt hat? Du musst deine »Knochen des Glaubens« vielleicht suchen und genau hinschauen. Sie sind oft nicht direkt sichtbar, weil ein großer Riese vor dir steht. Tu das – schau hin.

Das lässt mich an das geschichtliche Erbe der Kirche in unserem Land denken und wie sie sich entwickelt hat. Aus meiner Sicht ist die Kirchengeschichte in unserem Land eine Erfolgsgeschichte! Da gibt es etliche Knochen, die wir im Glauben tragen können. Es ist der Kirche gelungen, in fast jedem Dorf im Mittelpunkt zu sein, eine Kultur, das Dorf oder die Stadt zu prägen. Eine Kirche war bei den Arrangements der Gebäude immer der Mittelpunkt – bis heute sehen wir das in unseren Orten. Man hat das Dorf immer um die Kirche herumgebaut. Da haben sich Leute die richtigen Gedanken gemacht. In der Regel war das Kirchengebäude sogar das beste Gebäude, da gab es attraktionale Gottesdienste. Das war bei Weitem besser als das, was die Leute in ihren eigenen Hütten oder Häusern hatten.

Wer hatte denn diese Vision, dass man in jedem Dorf eine Kirche pflanzt? Es ist offensichtlich gelungen, auch wenn man heutzutage ein paar Stellen zusammenlegen muss und wir uns von der ursprünglichen Botschaft oft entfernt haben. Auch wenn da inzwischen manches zur reinen Tradition verkommen ist – hier schlummern Verheißungen! Irgendwann muss da doch was pulsiert haben. Da haben Menschen Opfer gebracht, da haben Menschen gebetet und irgendwann war diese Vision erreicht: In ganz Deutschland in jedem Dorf und in jeder Stadt eine Kirche – ein Haus des Herrn. Ein Ort, an dem Jesus angebetet wird. Ein Ort, an dem man über

Werte und Kultur gesprochen hat. Ein Ort, in dem man zu Gott gebetet hat.

Wer sagt eigentlich, dass wir an diese Vision heute nicht wieder anknüpfen können, wenn wir heute wissen, dass die Kraft des Heiligen Geistes, und somit Gottes Kraft, mit uns ist? Hast du jemals darüber nachgedacht, dass es in jeder Stadt und in jedem Dorf einen Ort geben kann, an dem Jesus von Nazareth angebetet wird? Nein? Du denkst, das ist unmöglich? Aber die, über die wir heute oft etwas abfällig den Kopf schütteln, denen ist das schon mal gelungen. Für mich sind das »Knochen«. Ich höre da was, da war mal was, da war mal geistliches Leben, da war mal ein Brunnen. Da bleibt doch nur die Frage: Gibt es irgendeinen Weg, an diese alte Quelle wieder ranzukommen?

Ich behaupte: Ja! Wer hat gesagt, dass wir das nicht tun können? Wer hat gesagt, dass das nicht möglich ist? Wenn ich mir die junge Generation ansehe, dann sehe ich Hunderte Menschen mit einem Hunger nach Gott und einer Bereitschaft, Opfer zu bringen. Eine Bereitschaft, Dinge in die Hand zu nehmen und Glaubensschritte zu riskieren, die meine Generation nicht gewagt hat. Eine Bereitschaft, etwas zu wagen, wo es nicht um die eigenen Vorteile oder die Karriere geht, sondern einzig und allein darum, als Esel in dieses Dorf, in diesen Stadtteil, in diese Stadt zu laufen. Ich glaube, dass wir als Kirche jetzt dieses Potenzial haben. Wir müssen nur anfangen, wie Josua und Kaleb aus Glauben heraus zu sprechen: Es ist möglich, ein ganzes Land im 21. Jahrhundert dahin zu bringen, und mit den modernen Medien sowieso, dass jeder einzelne der 83 Millionen Menschen in

> Es ist möglich, dass jeder der 83 Millionen Menschen persönlich gehört hat, dass es einen Gott gibt, der ihn so sehr liebt, dass er für ihn gestorben ist.

Deutschland persönlich gehört hat: »Es gibt einen Gott, der sich um dich kümmert. Es gibt einen Gott, der dich liebt und der für dich gestorben ist!«

Mut abschauen

David besiegte einmal einen echten, realen Riesen, da war er siebzehn Jahre alt – ein kleiner, schmächtiger Jugendlicher. Er kam zur Armee an die Front und keiner traute sich, mit Goliat zu kämpfen. David brachte ein paar coole Sprüche und man führte ihn zum König. Dann durfte er als Teenager losgehen und kämpfen. Wie verzweifelt muss diese Armee gewesen sein, dass sie bereit war, einen groß daherredenden Siebzehnjährigen auf das Schlachtfeld zu schicken? Die mussten schon heftig am Ende gewesen sein, um sich auf jemanden zu verlassen, der bisher nur Schafe gehütet hat! Alle erfahrenen und ausgebildeten Soldaten, selbst der König – keiner traute sich. Alle hatten Kopfkino. Dieser unscheinbare Teenager redete ein wenig und sie sagten: »Den nehmen wir!« Das ist pure Verzweiflung, denke ich.

David besiegte den Riesen, obwohl sich keiner vorher nur gewagt hatte, sich Goliat entgegenzustellen. Aber nachdem der Riese gefallen war, war das mehr als nur: »Der Riese ist tot!« Es wurde zum Durchbruch! Denn später in 2. Samuel 21,15-22 lesen wir, dass Leute aufgezählt werden: Abischai und Sibbechai und Elhanan und Jonathan und Egideus und Habakuk und wie sie alle heißen. Auf einmal gibt es eine ganze Truppe, die sagt: »Riiiiiesen?! Wir werden sie fressen wie Brot!« Woher kommt das? Warum sind plötzlich so viele bereit, mutig zu kämpfen? Weil ein junger siebzehnjähriger Typ sich nicht vom falschen Kopfkino bestimmen ließ und ihnen zeigte, was mit Gott an der Seite möglich ist!

Heute sind die »Riesen« keine sichtbaren Riesen mehr. Meistens zumindest. Aber die Mutkiller sind dennoch so groß und laut wie Riesen. Und sie sind Räuber. Prediger 1,9 sagt: »Es gibt nicht Neues unter der Sonne.«

David war anfangs auch nicht bereit für diese Konfrontation. Er war nicht stark, er konnte das nicht allein schaffen. Aber er wusste, dass Gott mit ihm war. Das war sein Kopfkino. Nachdem David diesen Kampf gewonnen hat, veränderte sich etwas in den Köpfen der anderen. Deshalb brauchen wir erfolgreiche Kirchen! Erfolgreiche Kirchen zeigen uns, dass du in einem Dorf wie Steffenberg-Niedereisenhausen[13] mit 1300 Einwohnern einen zweiten Gottesdienst anfangen kannst. Wenn ich so etwas sehe, dann bröseln meine Ausreden einfach so weg.

Du kannst dich jetzt innerlich zurückziehen und sagen: »Mit mir macht Gott das nicht...« Oder du fährst mal hin und schaust dir an, wie sie das in dem Dorf machen. Wenn dir der Weg zu weit ist, gibt es genügend Kirchen in diesem Land, bei denen du abgucken darfst. Du musst nicht alles 1 : 1 nachmachen, aber du kannst ausprobieren, was bei dir geht. Du kannst dich von den anderen »Davids« inspirieren lassen, dich von deinen Riesen nicht erschrecken zu lassen. Und vor allem kannst du dich ermutigen lassen. Es gibt Orte in Deutschland, in denen man nicht vermuten würde, dass vierzig Leute an einem Sonntag getauft werden. Lass dir zeigen, dass Gedankenkinos in Deutschland besiegt werden. Von Gott haben die Menschen auch in unserem Land nicht die Nase voll. Sie haben nur die Nase voll von der Institution Kirche. Menschen haben heutzutage einen riesigen Hunger nach Jesus Christus – überall, in jedem noch so kleinen Dorf und erst recht in einer großen Stadt.

Das Geheimnis ist, *wer* mit uns ist.

Die Perspektive, wie du die Situation beurteilst, bestimmt ihren Ausgang.

Mut fängt bei deinen Ohren an: Hörst du, was Gott sagt? Dann geht es in deinem Herzen weiter: Merkst du, dass Glauben entsteht für das, was Gott gesagt hat? Von dort wandert er in deinen Mund und dann sprudelt es aus deinem Mund heraus: Redest du kühn davon, dass das, was Gott geredet hat, auch das sein wird, was du jetzt tun wirst?

Oft genug stand ich genau an der gleichen Stelle wie du und bin selbst reingefallen. Aber ich habe mich entschieden, dass ich lernen möchte, die Angst zu entmachten. Denn ich weiß: Der Herr kann durch viele, er kann aber auch durch wenige. Er kann durch ganz Schlaue, aber er kann sogar durch einen Esel. Er kann durch Hübsche und Hässliche. Er kann durch Kurze und Lange, durch Deutsche und durch Migranten. Er kann sogar in München. Und er kann durch Ostfriesen.

13

Wer hartnäckig glaubt, wird Gottes Verheißungen sehen

In einem Einladungstext für eine Konferenz unserer Kirche stand einmal der Text: »Wir wollen uns gemeinsam die Zusagen Gottes neu vor Augen halten, damit unser Glaube für die Dinge, die man noch nicht sieht, größer wird.«

Sich die Zusagen Gottes vor Augen zu halten, ist ein erprobtes Mittel, um den Glauben zu stärken.

Was hält uns eigentlich davon ab, Gott für größere Dinge zu vertrauen? Was hält uns davon ab, Gott für menschlich Unmögliches zu vertrauen?

Nach meiner Erfahrung gibt es zwei »Ent-en«, die sich gerne auf meine Glaubensstärke setzen, um sie zu schwächen. Das eine heißt »ENT-Täuschung« und das andere »ENT-Mutigung«. Beide sind sehr eng miteinander verbunden und ganz besonders laut in uns, insbesondere in dem Moment, nachdem wir für etwas Spezifisches gebetet haben. Sie wollen uns von unserem Glaubensberg runterziehen. Dafür nutzen sie reale Dinge, die uns fast täglich begegnen. Sobald wir für etwas ganz Konkretes auf Gott vertrauen und aus irgendeinem Grund nicht sofort etwas passiert, werden diese beiden Enten wach. Kennst du das?

Vorher sind sie lange ruhig und schlafen, aber dann kommt der Moment, in dem wir uns entscheiden, uns neu auszustrecken. Eine

Entscheidung für die Familie, für unser Leben, für die Gemeinde oder wenn wir neu glauben, dass Gott vielleicht doch noch mehr für uns vorbereitet hat. In diesem Moment werden sie hellwach, als hätte man ihnen gerade einen extra starken Kaffee gemacht. Sie stehen auf und erinnern dich: »Da war doch schon mal was!« Sofort geht der Vorhang im Kopfkino auf und ein Film ohne Werbeunterbrechung startet.

Es ist erstaunlich, welche uralten, eigentlich schon vergilbten Bilder wieder aufgewärmt und mit welcher Kreativität sie bunt und leuchtend grell gefärbt werden können. Es gibt ganze Blockbuster von Enttäuschung und Frustration. Mit einem Kurzfilm würden sich diese Brüder nicht zufriedengeben. »Das geht nicht!«, rufen sie laut. »Das haben wir doch schon mal erlebt und es hat nicht funktioniert!« So wie bei dem Volk Israel, das vierzig Jahre durch die Wüste marschiert ist und dann vor dem Einzug in das Gelobte Land stand. Ich verstehe jeden, der nach solch einer Tour keinen frischen Glauben mehr hat. Vierzig Jahre dasselbe, vierzig Jahre Wüste, vierzig Jahre Hitze bei Tag und Kälte bei Nacht. Absoluter Frust. Denn es gab immer nur Wüste, Wüste, Wüste!

Warum sollten diese Leute jetzt schaffen, was ihre Väter und Mütter, die vor vierzig Jahren Ägypten verlassen hatten, nicht hinbekommen haben? Raus aus Ägypten, rein in die Wüste. Raus aus Sklaverei, rein in Frust und Eintönigkeit … So war zumindest ihr damaliger Erfahrungshorizont und ihre flächendeckende Beurteilung dieser Zeit.

Lieber im Glauben sterben als im Unglauben leben.

In Hebräer 11 lesen wir, was alles durch Glauben passiert ist und dass es besser ist, im Glauben zu sterben als im Unglauben geistlich zu leben. Die Bibel macht es hier deutlich: Lieber im Glauben sterben als im Unglauben leben. Ich bin absolut für Realismus im Leben, aber niemals für Erwartungslosigkeit. Wir können und dürfen von Gott immer noch ein bisschen mehr erwarten. Auch wenn die Realität laut schreit, dass mehr nicht geht.

Wie das gehen soll, erklärt sich durch das Neun-Punkte-Problem. Das ist eine Aufgabenstellung aus dem Bereich des praktischen Problemlösens in der Denkpsychologie.

Das Neun-Punkte-Problem

Die Aufgabe besteht darin, neun quadratisch angeordnete Punkte mit einem Stift durch vier oder weniger gerade Linien zu verbinden, ohne den Stift abzusetzen. Versuche es mal, bevor du die Lösung siehst:[14]

These: Die Lösung ist da, du siehst sie nur nicht, weil du in deinen alten Denkmustern gefangen bist.

Die Begründung für diese These wurde erstmals in Samuel Loyds *Cyclopedia of Puzzles* im Jahre 1914 beschrieben. Die Herangehensweise von Versuchspersonen an dieses Problem wurde untersucht. Sie brauchten oft sehr lange, bis sie zu einer Lösung des Problems gelangten. Das liegt daran, dass Menschen dazu neigen, zusätzliche Einschränkungen bei der Lösung von Problemen vorzunehmen. Beispielsweise versucht man oft, beim Zeichnen der Striche nicht das Quadrat zu verlassen. Erst wenn diese Einschränkung aufgegeben wird, ist eine Lösung des Problems möglich, indem man über das Quadrat hinauszeichnet. Das ist ein gutes Beispiel für *Thinking outside the box* – außerhalb des vorgegebenen Rahmens zu denken, über den Tellerrand hinauszuschauen.

Was wäre, wenn wir dieses »Über-den-Tellerrand-Schauen« in unser Denken übernähmen? Was wäre dann alles möglich? Was, wenn wir die »Ent-en« auf ihrem Teich ließen und einfach mal ganz neu auf einem leeren Blatt damit starten, unsere Träume und Visionen aufzuschreiben?

Gott gibt seine Zusagen und Verheißungen souverän. Du kannst dir deine Zusagen oder Berufungen nicht aussuchen. Du kannst dir deine Begabungen nicht aussuchen. Du kannst dir deine Körpergröße nicht aussuchen. Das liegt nicht in deiner Verantwortung, es ist sein Wille, sein Wort. Du bist abhängig von ihm. Ohne ihn können wir nichts tun.

Bei den Zusagen Gottes geht es weder um uns noch um ein Gefühl oder um die große Suche nach dem Jackpot beim Lotto. Gemeinde ist kein großer Jackpot, den irgendjemand mal geknackt hat. Wir stehen nicht in Anerkennung und Ehrfurcht da und sagen: »Wahnsinn, die haben den Jackpot geknackt.« Wir sind nicht beim Lotto und nicht beim Glücksspiel. Das muss uns klar sein.

Viele Zusagen Gottes sind relativ unspektakulär. Die Verheißungen für deinen Montag müssen nicht die Geschichte verändern. Es genügt schon, wenn die Zusage erst mal dein Leben verändert. Für mich gibt es nur einen theologischen Grund, warum wir die Zusagen und Verheißungen Gottes immer wieder erleben sollen: Die Erfüllung dieser Zusagen und Verheißungen verherrlicht Gottes Treue. Wenn Gott seine Zusagen erfüllt, dann wird er verherrlicht und groß gemacht, indem wir davon erzählen. Das ist der Hauptgrund, warum wir die Verheißungen Gottes erleben. Und nicht, damit *wir* cool oder großartig sind oder damit wir hier auf Erden auch mal was machen können.

> Die Erfüllung der Zusagen und Verheißungen verherrlicht Gottes Treue.

Wir verherrlichen Gott, indem wir bestätigen, was wir mit Gottes Wort erleben. Das erlebt unsere Umwelt nur, wenn wir davon erzählen, Das ist der Hauptgrund, warum Gott seine Verheißungen erfüllt: Es geht dabei nicht um unser Ego, um uns als Person oder als Kirche, sondern darum, zu bestätigen, dass er ein realer, treuer, echter, genialer, erlebbarer Gott ist. Deshalb spricht die Bibel von Verheißungen und Zusagen und weniger von Visionen und Gefühlen – obwohl die auch wichtig sind. Es beginnt immer mit Gott. Er ist der Anfang und das Ziel. Jesus ist der Anfänger und Vollender unseres Glaubens: Das wird durch seine Verheißung sichtbar und es endet immer mit ihm. In der Mitte des Geschehens, zwischen Anfang und Ziel, ist unser Platz. Das ist unsere Chance, ihn zu verherrlichen und bekannt zu machen, indem wir ihn bezeugen. Das gilt für dich persönlich, für deine Familie und für deine Gemeinde.

Gottes Zusagen haben kein Verfallsdatum

In den ersten Dienstjahren, in denen wir kein Geld – und ich meine absolut kein Geld – hatten, gingen wir dort einkaufen, wo es Produkte gab, auf denen diese Aufkleber mit »30 % günstiger« oder »50 % günstiger« oder gar »Zu verschenken« waren. In der Regel waren das die Produkte, die kurz vor dem Verfallsdatum standen oder sogar schon abgelaufen waren. Auch Sachen, die hässliche Macken hatten, die auf jeden Fall so aussahen, dass sie niemand, der sich die guten Produkte leisten konnte, mitnehmen würde. Wir standen also oft in Gefahr, auf dem Joghurt kleine grünblaue Inseln vorzufinden, die uns verdeutlichen würden: »Zu spät, Alter!« Das waren unsere Lebensmittel, die uns ernährten. An den Moment, als unser Freund Bernd einmal in unseren Kühlschrank griff, erinnere ich mich noch sehr genau. Er fand einen Joghurt in der hintersten Ecke, der ihm nach dem Öffnen sofort bestätigte: Die Verheißung, die der Hersteller auf den Joghurt gelegt hatte, war eingetroffen: abgelaufen!

Bei Gott ist das nicht so. Es gibt kein Verfallsdatum für seine Verheißungen.

Wir haben uns in den letzten Kapiteln immer wieder mit dem Prozess zwischen der Verheißung an Abraham und der Landeinnahme etliche Jahrzehnte später durch Josua beschäftigt. Im 1. und 2. Buch Mose finden wir dieselbe Verheißung, die Gott immer wieder verstärkt. Er gibt sie drei Generationen und dann an Mose und an Josua. Er spricht sie so lange Einzelnen zu, bis sie dann ganz erfüllt ist.

- An Abraham: »Und der Herr erschien dem Abram und sprach: Deinen Nachkommen will ich dieses Land geben« (1. Mose 12,7).
- An Isaak: »Halte dich als Fremder auf in diesem Land! Und ich werde mit dir sein und dich segnen; denn dir und deinen Nachkommen werde ich alle diese Länder geben, und ich werde den Schwur aufrechterhalten, den ich deinem Vater Abraham geschworen habe« (1. Mose 26,3).
- An Jakob: »Ich bin der Herr, der Gott deines Vaters Abraham und der Gott Isaaks; das Land, auf dem du liegst, dir will ich es geben und deiner Nachkommenschaft« (1. Mose 28,13).
- Dann, viele, viele Jahre später, bekommt Mose ebenfalls dieselbe Zusage: »Auch habe ich meinen Bund mit ihnen aufgerichtet, ihnen das Land Kanaan zu geben, das Land ihrer Fremdlingschaft, in dem sie sich als Fremdlinge aufgehalten haben« (2. Mose 6,4).

Und wieder Jahre später löst Gott mit Josua seine Zusage endlich ein. Mose war nicht Teil, als Gott seine Zusage eingelöst hat. Er starb in der Wüste vor der Landeinnahme. Unterwegs gab es eine Situation mit Unglauben, deswegen endete sein Weg mit der Verheißung Gottes an dieser Stelle. Abraham, Jakob und Isaak durften es nur im Glauben sehen. Josua bekam nichts Neues von Gott. Er bekam etwas Altes. Etwas, das schon viele Generationen vor ihm bekommen haben. Jedes Mal, wenn etwas Altes in Erfüllung geht, verherrlicht Gott sich selbst.

Ähnliches erlebe ich auch in der Credo Kirche. Die derzeitige Leiterschaft hat diese Gemeinde nicht gegründet. All das, was wir jetzt tun und was manche als »apostolisch« bezeichnen, lag schon lange als Verheißung auf der Gemeinde. Gott hat das schon anderen vor uns zugesagt. Wir haben das nicht frisch bekommen. Dass wir im Jahr 2014 mit einem weiteren Gottesdienst in Solingen gestartet haben, war schon da, als die derzeitige Leitung ihren Dienst begonnen hat. Alles, was durch die Credo Kirche und in der Credo Kirche passiert, verherrlicht nicht die Gemeinde oder ihre Leiterschaft. Denn Gott wusste schon lange vorher, welches Potenzial er in seine Gemeinde gelegt hat.

Gottes Zusagen für dein Leben haben kein Verfallsdatum. Gott ist nicht jemand, der sich irgendwann mal wundert, wenn etwas Wundervolles geschieht. Er wird nicht vergessen, was er einmal zugesagt hat. Die Bibel sagt, dass ihn seine Zusagen nicht reuen (Römer 11,29). Wir mögen es verbocken, nicht offen dafür sein, wir mögen aus irgendeinem Grund in Schuld hineinkommen – aber von Gottes Seite her gilt immer, was er versprochen hat. Ja und amen. Er verändert seine Meinung nicht.

Es gibt sicher viele Diskussionen darüber, wie allmächtig Gott ist und was er möglich machen kann. Eins kann er auf jeden Fall nicht tun: lügen. Das unterscheidet ihn von uns Menschen. Ich kann lügen. Ich sollte nicht lügen und ich bin auch schon einen Weg mit diesem Gebot gegangen. Ich lüge (fast immer) nicht. Ich kann Behauptungen aufstellen, die nicht wahr sind, die durchschaut werden, und jeder weiß, dass sie gelogen sind, dass sie nicht der Wahrheit entsprechen.

Gott ist heilig. Das ist genial! Er *kann* nicht lügen und er *will* auch nicht lügen. Deshalb kannst du dich auf ihn und seine Zusagen hundertprozentig verlassen. Das gilt für dich persönlich, für deine Familie und für deine Gemeinde.

In Gottes Zusagen gibt es ein Minimum und ein Maximum

Gottes Zusagen sind sozusagen wie Gummiband-Verheißungen. Er sagt Josua zum Beispiel, was das Gebiet sein soll, das sie einnehmen: »Von der Wüste und diesem Libanon an bis zum großen Strom, dem Strom Euphrat, das ganze Land der Hetiter, und bis zum großen Meer gegen Sonnenuntergang, das soll euer Gebiet sein« (Josua 1,4; ELB).

Das »Gummiband« sehe ich in dieser Verheißung, weil Gott das Gebiet nur grob absteckt: Es geht um das Land und die ganze Fläche bis zu dem großen Meer. Wenn du dir die Landkarte dazu ansiehst, kommt da leicht die Frage auf: Bis zum Anfang des großen Meeres oder bis zum Ende? Die genaue Grenze finde ich in keiner Übersetzung. Gott definiert das nicht genauer. Das zeigt mir, dass Gott ein Minimum und ein Maximum geben möchte. Ich verstehe das so: Es hat mit meiner Frechheit im Glauben zu tun, wie viel ich von dem, was Gott gesagt hat, im Glauben tatsächlich nehme. Für Josua hieße das: »Hey, ich bin hier am Rand des Meeres, wo es endet, und das gehört mir.«

Darf man das? Sollen wir nicht demütig sein? Es ist eine erlöste Demut, die ganze Größe anzunehmen, die Gott uns gibt. Mit einer falschen Demut, die uns und Gottes Großzügigkeit klein macht, nehmen wir vielleicht nur den Stand bis zum ersten Wasser ein. Das ist eine wichtige Lektion: Wenn du nur bis zum Anfang des

Meeres denkst, dann bekommst du auch nicht mehr. So wie bei dem Prophet Elisa, der den König bei sich hatte und der seine Verheißung nur bis zum Minimum ausgekostet hat. Er hätte auch so oft auf den Boden schlagen können, bis alle Feinde besiegt gewesen wären.

Vielleicht will Gott ja, wenn er uns eine Verheißung »bis zum großen Meer« gibt, dass wir so weit gehen, wie wir können, und so das *ganze* Gebiet einnehmen – inklusive Meer! Dass wir im Glauben weitergehen. Solange Gott nicht Stopp sagt, können wir weiter. »Das ist kindisch«, könntest du jetzt denken. Jesus will nicht, dass wir kindisch sind. Stimmt. Aber er hat auch nichts dagegen, wenn wir kindlichen Glauben haben.

Wie wollen wir Menschen jemals alles abräumen und Gott sagt: »So, jetzt ist alles ausverkauft!«?

Und sind die Nachkommen von Abraham, Isaak, Jakob, Mose und Josua bis zum Ende der Verheißung gekommen? Nein. Die Israeliten haben nie das ganze Land eingenommen, selbst unter Davids Regentschaft nicht. Selbst der große König David, ein Mann nach dem Herzen Gottes, unter dessen Herrschaft Israel blühte wie sonst nicht, hat nicht das ganze Land eingenommen. Das zeigt mir: Wir Menschen können Gottes Zusagen nicht übertreffen. Es gibt immer noch ein »Mehr«. Du kannst nie den Punkt erreichen, an dem du sagen kannst, dass du alles abgeräumt hast, was es bei Gott gibt. Es ist egal, wie gut oder wie schlecht es dir geht: Es gibt garantiert immer ein »Mehr«. Es wird nie dazu kommen, dass Gott sagt: »So, jetzt ist alles ausverkauft! Du hast alle Segnungen eingenommen, die Jesus vorbereitet hat. Ende. Jetzt ist Inflation. Es kommt nichts mehr hinzu.«

Das ist schlicht unmöglich! Bei Gott gibt es immer noch ein Mehr. Das gilt für dich persönlich, für deine Familie und für deine Gemeinde.

Gottes Verheißungen sind immer größer als das, was wir können – und Riesen gehören immer dazu

Das Wort Gottes sagt uns: Unser Kampf ist nicht menschlich und die Waffen, die wir haben, um die geistlichen Riesen aus dem verheißenen Land zu jagen, sind nicht die Waffen, die die Riesen haben. David hat sich für den Kampf gegen Goliat nicht Sauls Rüstung anlegen lassen. Er wollte sich nicht auf das Niveau des Riesen begeben, weil er genau wusste: Wenn er mit denselben Waffen antritt, kann er diesen Riesen nicht besiegen. Goliat ist immer größer, Goliat hat immer eine größere Waffe. Menschlich war es David nicht möglich, Goliat zu besiegen.

Auch uns ist es nicht möglich zu siegen, wenn wir mit den Waffen des Gegners kämpfen. Wenn wir hören, was Gott tun möchte, und das Kampf einschließt, sollte unsere erste Reaktion nicht sein: »Yes, we can!« Das wäre schlichte Selbstüberschätzung. Goliat verhöhnt David, genau wie er vorher Gott verhöhnt hatte. Er denkt sicher, dass er mit diesem Jüngling ein leichtes Spiel haben wird. Denn er sieht ja auch nur das Menschliche. Aber David ist sich total bewusst, dass der Riese körperlich der Stärkere ist. Aber er weiß auch: Er hat einen entscheidenden Vorteil.

> Und David antwortete dem Philister: »Du kommst zu mir mit Schwert, Lanze und Kurzschwert. Ich aber komme zu dir mit dem Namen des Herrn der Heerscharen, des Gottes der Schlachtreihen Israels, den du verhöhnt hast. Heute wird der Herr dich in meine Hand ausliefern, und ich werde dich erschlagen und dir den Kopf abhauen. Und die Leichen des Heeres der Philister werde ich heute noch den Vögeln des Himmels und den wilden Tieren der Erde geben. Und die ganze Erde soll erkennen, dass Israel einen Gott hat.«
> *1. Samuel 17,45-46; ELB*

Das beruhigt mich ungemein! Genau wie David ist das unsere Haltung, wenn wir Riesen gegenüberstehen: Wir kommen eben *nicht* mit dem, was wir menschlich aufbringen können! Wir kommen im Namen des Herrn. Die Gemeinde Jesu, auch hier in Deutschland, wird wachsen. Nicht damit wir berühmt und befördert werden, sondern damit das ganze Land sieht: Der Kampf ist nicht unsere Sache, sondern die Sache des Herrn! Jesus selbst wird sich in diesem Land verherrlichen. Er hat entschieden, das durch seine Gemeinde zu tun. Es geht nicht um uns. Es geht darum, dass Gott alle Ehre bekommt und dass Jesus verherrlicht wird. Denn wir kommen im Namen des Herrn, nicht in unserem eigenen! Damit jeder in diesem Land sieht, dass Jesus Christus nicht abtritt und seine Gemeinde zu sich holt, bevor er nicht noch einmal alles dafür getan hat, Menschen zu retten.

Deswegen können wir bei großen Verheißungen Gottes wie Maria reagieren, als der Engel des Herrn vor ihr stand und ihr ankündigte, dass sie Gottes Sohn gebären wird. Der Engel des Herrn kann episch erschreckend sein. Deshalb sind seine ersten Worte auch oft: »Fürchte dich nicht!«, wenn er Leuten eine himmlische Botschaft übermittelt. Beachte: Engel sind keine Therapeuten, die dir ganz sanft und einfühlsam mitteilen: »Atme mal ganz tief ein und wieder aus. Konzentriere dich jetzt, vergiss nicht zu atmen, denn ich darf dir eine Botschaft von Gott überbringen.« Engel sind so groß und so gewaltig! Die Aufforderung, sich nicht zu fürchten, ist der Schutz für denjenigen, der den Engel sieht. Maria sieht diesen gewaltigen Engel, der ihr mitteilt, dass sie schwanger sein wird – mit einem Kind von Gott! Das ist menschlich gedacht eine sehr schlechte Nachricht für ein vierzehnjähriges Mädchen, damals noch schlechter als heute.

Wenn du Pastor oder Leiter bist – stell dir das mal vor: Ein Mädchen aus deiner Gemeinde kommt zu dir und sagt: »Ich habe zwei Nachrichten: Erstens, ich bin schwanger. Zweitens, ich wurde von keinem Mann berührt, der Heilige Geist wars!« Was wäre dein erster Gedanke? Das nickt man nicht einfach so ab und freut sich mit ihr. In der Regel geht man mit ihr in die Seelsorge und erklärt ihr: »Du solltest eigentlich nicht schwanger sein.« Heutzutage ist es zwar schwierig, mit vierzehn schwanger zu sein, aber es ist machbar. Kannst du dir vorstellen, wie viel Stress das für Maria damals ausgelöst haben muss? Doch sie beschwert sich nicht. Sie fragt den Engel nicht: »Ohne Mann schwanger werden? Weißt du nicht, was das bedeutet, was meine Familie denken wird und erst mein Dorf?« Maria antwortet einfach nur: »Mir geschehe nach deinem Wort!« Was für eine Haltung! Erst recht für dieses junge Mädchen. Sie jammert nicht: »Ich schaff das nicht!« Sie entgegnet auch nicht stolz: »*Ich* schaffe das locker!« Sie sagt einfach und im Glauben: »Ja, okay! Wenn du das sagst, dann soll es genau so sein.«

Der Kampf ist die Sache des Herrn!

Gottes Verheißungen sind immer größer als das, was wir können, das gilt für dich persönlich, für deine Familie und für deine Gemeinde.

»Wer den Mount Everest treffen will, muss auf den Mond zielen«, hat Reinhard Bonnke mal gesagt. Die Herausforderung in dieser Aussage liegt darin, dass es ein Deutscher gesagt hat. Denn Deutsche haben die DIN-Norm erfunden! Das heißt, wenn du sagst, dass du auf den Mond willst, dann musst du auch den Mond meinen und kannst nicht mit dem Mount Everest zufrieden sein. Wenn einer zum Mond will und dann doch nicht dort landet, ist er hierzulande ein Verlierer. Reinhard Bonnke machte diese Aussage aber nicht in der rein deutschen, sondern in der Reich-Gottes-Mentalität. Er sagt, dass man hoch zielen muss, um ein halbwegs ordentliches Ziel zu treffen. Sein Ziel war, dass ganz Afrika errettet wird. Deshalb hat er den Slogan »Von Kapstadt nach Kairo« geprägt. In Kapstadt war er in den Siebzigern und sein Ziel war es, irgendwann bis nach Kairo zu kommen. Wenn man hier in Deutschland in den Achtzigern sein Leben Jesus gab, bekam man eine Bibel und ein Video von Reinhard Bonnke. Das vergesse ich nie. Denn für mich war es damals spannender, das Video von ihm zu gucken, als in der Bibel das Geschlechtsregister zu lesen!

Reinhard hat mit siebzig Jahren sein Missionswerk an die nächste Generation abgegeben (was ich sehr vorbildlich finde), ohne jemals in Kairo gepredigt zu haben. Nach deutschen Maßstäben hat er versagt. Allerdings wurden seit dem Jahr 2000 bis zum Jahr 2014 mehr als 58 Millionen Entscheidungskarten ausgefüllt, von Menschen, die an den Gottesdiensten mit Reinhard Bonnke teilgenommen haben. Das nenne ich mal ein *herrliches* Versagen. Er war zwar nie persönlich in Kairo, aber auf dem Weg dahin hat er 58 Millionen Entscheidungen für Jesus mitbewirkt! Mein Wunsch ist, dass wir alle solche »Versager« sind. Dafür benötigen wir ein Ziel, das größer ist als das, was wir aus uns selbst erreichen können. Und den Mut, vor Riesen nicht zu erschrecken. Das war das Prinzip von Reinhard Bonnke.

Wir können Gottes Zusagen anfordern

In Markus 10 wird von Jakobus und Johannes berichtet, die eine Bitte an Jesus haben. Sie sind nicht krank – man darf nämlich auch etwas von Jesus erbitten, wenn man nicht krank ist. Die Brüder sind ziemlich fordernd, fast schon unverschämt mit ihrer Bitte.

Sie sagen: »Wir wollen, dass du für uns tust, worum wir dich bitten werden.« Das lässt mich aufhorchen, denn eigentlich sollte es doch heißen: »Wir wollen tun, was du uns sagst!«, oder? Aber diese beiden wollten, dass Jesus tut, was sie ihm sagen. Und Jesus fragt sogar noch ganz unpädagogisch: »Okay. Was wollt ihr denn, dass ich für euch tue?«

Die Brüder antworten: »Gib uns, dass wir einer zu deiner Rechten und einer zu deiner Linken sitzen in deiner Herrlichkeit!« In der Parallelstelle in der Lutherübersetzung heißt es, dass die anderen Jünger unwillig wurden. Das heißt, die Kollegen wurden stinkesauer dabei. Was für ein fieses, blödes Gebet! Jesus weist sie nicht zurecht, indem er ihnen sagt: »Das ist ein dummes Gebet – so geht das nicht!« Sondern er antwortet: »Ihr wisst nicht, was ihr da erbittet.« Denn die Erfüllung dieses Wunsches bedeutet auch, großes Leid auszuhalten. Groß in der ewigen Herrlichkeit Gottes sind alle, die in der sichtbaren Realität verachtet und oft als Märtyrer gestorben sind. Größe aus Gottes Sicht geht damit einher, dass man aus menschlicher Sicht bereit ist, unwichtig zu sein.

Johannes und Jakobus antworten Jesus darauf mit großem Selbstbewusstsein: »Wir können es!« Nun folgt eine sehr interessante Begründung, warum Jesus diesen Wunsch nicht erfüllen kann: »Ihr werdet tatsächlich aus meinem Kelch trinken und mit meiner Taufe getauft werden. Doch ich kann nicht bestimmen, wer auf den Plätzen rechts und links neben mir sitzen wird. Gott hat diese Plätze denen vorbehalten, die er erwählt hat« (Markus 10,39-40).

Jesus korrigiert die beiden nicht wegen ihres großen Glaubens, sondern er sagt, dass die Plätze schon weg sind! »Ihr seid zu spät, das hat der Vater schon bestimmt.« Jesus sagt nicht, dass wir so nicht bitten dürfen! Er hat seine Jünger nie wegen ihres großen Glaubens korrigiert, aber er hat sie oft wegen ihres Kleinglaubens korrigiert. Unglaube hat Jesus mehr geärgert als großer Glaube.

In Matthäus 15 kommt eine kanaanäische Frau zu Jesus, sie gehört zu den Heiden. Sie richtete lautstark eine Bitte an ihn: »Hab Mitleid mit mir, o Herr, Sohn Davids! Meine Tochter hat einen bösen Geist in sich, der ihr schlimme Qualen bereitet« (Matthäus 15,22). Jesus hatte keinen Auftrag für die Heiden. Er war als Mensch nur gesandt, um unter den Juden zu wirken. Deshalb hat er sich festgelegt: »Ich werde das tun, was der Vater tut! Ich werde den Auftrag erfüllen, sonst nichts.«

Unglaube hat Jesus mehr geärgert als großer Glauben.

Die Bibel sagt, dass Jesus sie nicht beachtete. Er gab ihr keine Antwort (Vers 23). Das ist mal eine Aussage! Seine Jünger bedrängen ihn dann: »Erfüll doch ihre Bitte!« Sie machen das nicht, weil sie Erbarmen mit ihr oder dem Kind hatten, sondern weil sie so laut schrie und ihnen hinterherlief. Die Frau war den Jüngern peinlich. Da geht Jesus auf die Frau ein. Er sagt zu ihr:

> »Ich bin gesandt worden, um dem Volk Israel zu helfen – Gottes verlorenen Schafen – und nicht denen, die keine Juden sind.« Sie lief jedoch hinter ihm her, warf sich vor ihm nieder und bat ihn wieder: »Herr, hilf mir doch!«
> *Matthäus 15,24-25*

Was will man denn da noch hören? »Ich bin nicht für dich zuständig, verschwinde endlich!«? Nachdem Jesus all das gesagt hat, bleibt die Frau immer noch dran. Sie kommt Jesus noch näher. Als Norddeutscher hätte ich gesagt: »Don't touch me!« Aber sie kommt noch näher, bleibt hartnäckig, wirft sich vor Jesus nieder und bettelt: »Herr, hilf mir!« Jesus steigert seine ablehnende Antwort und sagt: »Es ist nicht recht, den Kindern das Essen wegzunehmen und es stattdessen den Hunden vorzuwerfen« (Vers 26). Er vergleicht sie mit einem Hund! »Von wegen Barmherzigkeit«, kann man da denken. Die Frau widerspricht Jesus aber nicht, sondern geht darauf ein: »Du hast recht, Herr«, antwortete sie, »aber selbst Hunde dürfen die Krümel fressen, die vom Tisch ihres Herrn fallen« (Vers 27).

Jesus muss in diesem Moment völlig überrumpelt gewesen sein, denn er erwidert ihr: »Frau, dein Glaube ist groß. Deine Bitte soll erfüllt werden.« Und im gleichen Augenblick war ihre Tochter gesund (Vers 28). Ich hätte das Hartnäckigkeit genannt. Jesus nennt es einen großen Glauben!

Man hätte der Frau nichts vorwerfen können, wenn sie aufgegeben hätte. Nach all der Ablehnung, die sie von Jesus, dem Sohn Gottes, hörte: »Ich habe keinen Auftrag für dich! Du kommst aus dem falschen Land! Wenn ich dir helfe, dann bestehle ich das erwählte Volk! Theologisch gesehen gehörst du zu den Hunden – das unreine Tier!«

Wer hätte da seine Koffer nicht gepackt und gesagt: »Das war's, er will mir nicht helfen!«? Diese Frau aber kommt näher und näher, wirft sich ihm sogar in den Weg. Sie ist schlagfertig und bestätigt ihn auch noch: »Das stimmt schon mit den Hunden, aber die Krümel genügen mir doch.«

Was für ein Glauben! Sie hat ein demütiges Herz, ordnet sich ganz in die vorgegebenen Verheißungen Gottes ein. Und gleichzeitig steht sie für die Großzügigkeit Gottes und für sich selbst mit großer Stärke auf! Das ist stark.

Wie überzeugt bist du von dem Willen Gottes, Großes zu tun?

Was siehst du? Siehst du deine Familie gerettet? Siehst du deine Kleingruppe wachsen? Siehst du deinen neuen Job? Siehst du deine

Gemeinde aufblühen? Siehst du Versorgung für die Obdachlosen in deiner Stadt? Siehst du Gerechtigkeit, wo Ungerechtigkeit ist?

Als Nelson Mandela ins Gefängnis kam (1962–1990), fragte man seine Frau Winnie: »Wer wird der erste schwarze Präsident von Südafrika?« Sie entgegnete überzeugt und voller Inbrunst: »Mein Mann Nelson!« Sie war schon, Jahrzehnte bevor es tatsächlich dazu kam, davon überzeugt, dass es so kommen wird. Als er dann 1990 nach jahrelangen Demütigungen und Misshandlungen aus dem Gefängnis kam, erhielt er 1993 den Friedensnobelpreis. 1994 wurde er zum ersten Präsidenten nach der Apartheid gewählt. Er kämpfte viele Jahrzehnte gegen die Apartheid und bereitete den versöhnlichen Übergang zu einem demokratischen Staatswesen vor.

Beeindruckt hat mich, dass er nicht Hass und Bitterkeit gesät hat. Als die Weltmeisterschaft des Rugbys in Südafrika stattfand – Rugby war der Sport der weißen Minderheit und erhielt von der schwarzen Mehrheit so gut wie keine Unterstützung –, ging Nelson Mandela zum Spiel. Er supportete die südafrikanische Nationalmannschaft und trug sogar das Trikot der Springboks. Das war eine prophetische Handlung. Er lebte schon mal in dem, was er sehen wollte. Das führte dazu, dass sich das ganze Volk begann zu vereinen. Er wurde also nicht nur Präsident, sondern war Vorbild als Leiter. Er demonstrierte seine Sehnsucht nach Frieden.

Nicht die Leute, die recht haben, sondern die, die eine Vision für Einheit haben, werden Menschen zusammenbringen. Deshalb ist es nicht wichtig, ob du eine kleine, mittlere oder große Kirche leitest. Es kommt darauf an, welche Signale du sendest. Gerade heutzutage ist es wichtig, Menschen aus allen Kulturen zu akzeptieren. Wie wir als Leiter mit Minderheiten umgehen, so werden auch alle, die uns anschauen, mit Minderheit umgehen. In Christus gibt es keine Unterschiede, sondern nur eine neue Schöpfung in Jesus Christus. Und die Ernte ist groß.

In Deutschland ist es nicht schwierig, Gott zu glauben, dass eine Gemeinde, die du neu gründest, irgendwann dreißig Leute haben wird. Warum ist das nicht schwer zu glauben? Es braucht schließlich dreißigmal ein Wunder, dreißig Menschen müssen aus der Finsternis zum Licht kommen, dreißig Menschen müssen ihr Leben hingeben, sich taufen lassen und beginnen, für Jesus zu leben. Wir haben keine Mühe damit, das zu glauben. Das haben schon viele vorher geschafft. »Es kann nicht so schwierig sein«, denken wir, »wenn andere das geschafft haben, dann schaffe ich das auch.« Was wäre, wenn sich der Glauben auf hundert Leute erhöht? Die folgende Generation würde sagen: »Hundert Personen? Das ist eine ganz normale Gemeindegründung. So ist das hier. Wir verändern unsere Ansicht für das, was normal ist, weil sich der Glaubensraum für alle mit jeder Verheißung, die wir sich erfüllen sehen, vergrößert.

Jeder Durchbruch zieht andere hinterher und setzt Glauben frei.

Vor wenigen Jahrzehnten war es *unmöglich*, eine Meile unter vier Minuten zu laufen. Ärzte, Wissenschaftler und Sportler waren davon überzeugt und hatten es glaubhaft bewiesen. Sir Roger Bannister wusste das wohl nicht. Denn der Brite lief als Erster am 6. Mai 1954 eine Meile auf dem *Iffley Road Track* der *Oxford University* mit einer Zeit von 3:59:04 Minuten. Vielleicht hat man ihm auch anschließend gesagt, dass das nicht möglich ist. Doch sobald er bewiesen hatte, dass es geht, veränderte sich das Denken vieler Menschen. In den zehn Jahren nach diesem Datum liefen 336 Menschen eine Meile unter vier Minuten, obwohl viele das über Hunderte Jahre vorher nicht geschafft haben.

Geistlich ist das genauso. Wir sind eine Familie. Wenn eine Gemeinde in irgendeiner Form einen Durchbruch hat, dann ist das ein Roger-Bannister-Moment, ein Nelson-Mandela-Moment, ein David-gegen-Goliat-Moment, ein Maria-wird-schwanger-von-

Gott-Moment für alle anderen. Das Denken verändert sich! Die Grenze des Möglichen verschiebt sich. Der Glaube an Gott nimmt zu. »Ah, das ist auch möglich! Ah, das geht auch!« Viele werden diesen Durchbruch dann auch leichter erleben.

Der erste Durchbruch ist ein Türöffner. Alle anderen müssen dann nur noch hinterher. Deshalb benötigen wir Menschen, die wie Roger Bannister sind. Damit wir hinterherkommen können. Leute, die einen neuen Standard schaffen, der Menschen ermutigt, größere Dinge von Gott zu erwarten. Jesus sagt: »Wer an mich glaubt, wird dieselben Dinge tun, die ich getan habe, ja noch größere, denn ich gehe, um beim Vater zu sein. Ihr dürft in meinem Namen um alles bitten, und ich werde eure Bitten erfüllen, weil durch den Sohn der Vater verherrlicht wird. Bittet, um was ihr wollt, in meinem Namen, und ich werde es tun!« (Johannes 14,12-14).

Du musst einen Schritt gehen

Gott sagte zu Josua: »Du musst immer einen Schritt gehen. Jeden Ort, auf den eure Fußsohlen treten, habe ich euch gegeben …« (Josua 1,3). Theoretisch hatte Gott schon alles gegeben. Aber: Was auch immer Gott dir versprochen hat – du nimmst es erst ein, wenn du den ersten Schritt gehst. Solange du nur träumst und vor der Landkarte sitzt, wird es nichts. Träume sind wichtig, ja. Aber du musst auch entsprechend handeln, damit die Träume, die Gott in dein Herz gelegt hat, wahr werden. Genauso ist es mit dem Reden. Auch das ist wichtig. Aber irgendwann muss man auch den ersten Schritt tun. Du musst vom Reden ins Handeln kommen und viele kleine Schritte auf dem Weg gehen, der dich zu dem Punkt führt, den Jesus dir gezeigt hat. Irgendwann schaust du zurück und wirst merken, dass du eine riesige Distanz mit diesen kleinen Schritten zurückgelegt hast. Es ist wichtig, Schritte zu gehen und nicht Fahrstuhl zu fahren.

Du musst auf dem Weg zum Ziel lernen, gehorsam zu sein. Glauben, noch einen Schritt gehen, etwas wagen, ein Risiko eingehen, nicht auf Ressourcen bauen, die es noch gar nicht gibt. Abwarten und glauben – Gott schenkt Ressourcen. Auf einmal passiert etwas, und du merkst: »Wow, das war ein Riesenschritt!« Andere werden fragen, wie sie da auch hinkommen können. Ein »Scotty, beam me up!« funktioniert nicht. Jeder muss seine eigenen Schritte gehen und glauben. Wenn du keine Schritte gehst, kommst du auch nicht dahin, wo Gott dich sieht.

Es ist wichtig, Schritte zu gehen und nicht Fahrstuhl zu fahren.

Wenn deine Vision so groß ist, dass du nicht klein starten willst, bist du ein Schwärmer. Einer, der fantasiert. »Ich fang nur an, wenn ich oben mitspiele« – bei Jesus ist es anders! Du fängst erst an, wenn du deinen Thron verlässt und ganz unten mitspielst. Erst dann kannst du auch oben mitspielen. Wer diesen Weg nicht gehen will, der wird nie oben landen. Zumindest nicht aus der Perspektive Ewigkeit. Wenn deine Vision so groß ist, dass du in deiner Gemeinde nicht klein anfangen kannst, dann hast du keine Vision vom Reich Gottes. Dann bist du nur ein Träumer mit menschlichen Visionen.

Für einen großen Traum ist jeder kleine Schritt wichtig, den du gehst. Wenn du zum Beispiel die Toiletten putzt und jemand darüber erstaunt ist, dann korrigiere ihn: »Nein, ich gehe meinen ersten Schritt in das verheißene Land!«

»Oh, du wirst mal ein Wahnsinnsprediger und hast nur eine Kleingruppe?« – »Ja, diese Kleingruppe mit diesen sechs Leuten ist mein erster Schritt.«

»Ich werde mal ein berühmter Sänger und vor Millionen Leuten stehen!« Ich sage dir, werde erst mal ein Lobpreiser in deinem Kämmerlein und singe für Gott allein. Das ist dein erster Schritt.

Es geht nie um uns, es geht immer um Gott. Meine Frau und ich haben unsere erste Gemeinde in Ostfriesland mit dreißig Leuten gegründet. Heute würde ich vieles ganz anders machen, aber das war unser erster Schritt. Unser erstes Gemeindehaus war eine ehemalige Kneipe und hatte Platz für fünfzig bis sechzig Leute. Das war ein Schritt. Als ich das erste Mal Gastsprecher war, waren vielleicht zehn bis zwölf Leute da. Auch das war ein Schritt. Ich war begeisterter als die Leute, die zugehört haben. Für die war es eine Bibelstunde, wie es sie jeden Donnerstag gab. Für mich war das ein Riesenschritt auf das Ziel zu, Prediger zu sein. Für die Leute war es ein mittelspannender Abend, für mich war es ein erster Schritt. Der Ruf Gottes ist eine Aneinanderreihung von kleinen Schritten.

Wo hast du aufgehört diese Schritte zu gehen? Siehst du den Punkt, wo du den nächsten Schritt verpasst hast? Streck deine Hände dem Herrn entgegen und sag Jesus, dass du genau dort wieder anfangen willst, neue Schritte zu gehen. Denn er ist gnädig, seine Gnade und Barmherzigkeit sind groß. Bei Jesus darf man immer wieder einsteigen, weil seine Verheißung kein Verfalldatum hat. Seine Zusagen gereuen ihn nicht. Gott ist kein Lügner. Du kannst jetzt und in diesem Moment wieder einsteigen.

14

Was den Unterschied macht

Stell dir vor, du bist in einem Geschäft und fragst nach einem Produkt. Die Verkäuferin erzählt dir alles über dieses Produkt, wie gut es ist, wie viel es kostet und wo du es findest. Ihre Worte klingen sehr gut und richtig, aber ihre Augen sprechen eine ganz andere Sprache. In einem anderen Geschäft sprichst du mit einer Verkäuferin über genau dasselbe Produkt. Sie benutzt vielleicht sogar die gleichen Worte, aber sie klingt begeisterter, ihre Augen leuchten. »Ich besitze dieses Produkt auch, es ist der Hammer«, sagt sie und strahlt dich an. In welchem Geschäft kaufst du das Produkt?

So ist es auch für Menschen, die in eine Kirche kommen. Die meisten Kirchen sagen das Richtige: »Jesus ist der Weg, es gibt einen Gott, der dich liebt. Du brauchst Jesus. Du solltest dein Leben Jesus übergeben – ihn annehmen.« Es gibt sehr viele Leute, die an den Gott der Bibel und an Jesus, seinen Sohn, glauben. Aber es gibt die Menschen, deren Augen dabei leuchten, und es gibt die, deren Augen leer sind. Die gleichen, richtigen Worte, aber eine ganz andere Empfindung.

Wir hören nicht nur mit den Ohren. Wir bekommen auch das Gefühl mit, das jemand mit seiner Körpersprache übermittelt. Menschen kommen nicht zum Glauben, weil wir recht haben. Sie werden erst neugierig, wenn sie fühlen, was wir sagen. Wenn sie merken, das ist echt.

Der Unterschied besteht darin, dass die einen Leidenschaft haben und die anderen tun, was sie tun müssen, weil sie sich in irgendeiner Form aus irgendwelchen Gründen dazu verpflichtet fühlen. Dein Gegenüber wird immer spüren, ob du Leidenschaft für das hast, worüber du gerade sprichst.

Das Wichtigste muss immer das Wichtigste bleiben

Jesus schreibt Biografien um. Er macht aus einem Minus ein Plus. Jesus macht aus Hoffnungslosigkeit Hoffnung. Jesus macht aus Chaoten Menschen, die etwas in Ordnung bringen können. Jesus macht aus harten Menschen weiche Menschen. Die Leidenschaft für Jesus macht den Unterschied. Wir haben uns das bei der nötigen »Esel-Mentalität« schon mal angesehen: Deine Leidenschaft macht deinen Glauben echt.

Paulus drückt es so aus: »Bei allem ist das, was uns antreibt, die Liebe von Christus. Wir sind nämlich überzeugt: Wenn einer für alle gestorben ist, dann sind alle gestorben« (2. Korinther 5,14; NGÜ). Als Paulus das schreibt, ist er schon lange ein Nachfolger von Jesus aus Nazareth. Er hat die Tiefen des Wortes Gottes verstanden. Er ist ein brillanter Denker. Er ist ein feuriger Theologe. Wenn du den Römerbrief liest, verstehst du, was ich meine. Paulus sagt, dass ihn etwas bis ins hohe Alter antreibt: die Liebe von Christus. Er ist davon überzeugt, dass einer (Jesus) für alle gestorben ist. Die Zukunft der Kirche hängt davon ab, ob wir nur das Richtige sagen oder ob unsere Augen leuchten, weil unsere Leidenschaft das Richtige sagt. Dein Gegenüber wird immer spüren, ob das, was du sagst, deine Leidenschaft ist oder ob du nur das Richtige verkaufen willst. Ob du das »Produkt« liebst oder ob du nur weißt, dass das

»Produkt« richtig ist. Deswegen ist es so entscheidend, dass du eine tiefe, echte Leidenschaft für Jesus hast.

Deine Freunde müssen spüren, dass du möchtest, dass sie Jesus kennenlernen. Nicht, damit du Bonuspunkte sammelst oder nur damit die Zahl der Kirchenmitglieder größer wird. Menschen müssen die Leidenschaft Gottes spüren, die durch dich bei ihnen ankommt. Dass er sie so sehr liebt, dass er die Ewigkeit nicht ohne sie verbringen möchte! Wenn dein Herz in dieser Leidenschaft für Gottes Herz brennt, dann wird dir das, was ihm wichtig ist, keine Ruhe lassen. Es wird voller Kraft in dir sichtbar werden. So werden die Menschen spüren, dass die Leidenschaft über Jesus dich antreibt, und keine Statistik. Sie werden merken, dass Jesus etwas sehr Besonderes und Faszinierendes ist, weil sie sehen, welche Leidenschaft es in dir freisetzt, wie er dich nach vorne bringt. Wenn sie die Liebe von Jesus durch dich kennenlernen, werden sie auch Teil der Kirche. Die Reihenfolge ist sehr wichtig! Leidenschaft für Jesus ist auch Leidenschaft für seine Gemeinde, seine Braut. Die Leidenschaft für Jesus zieht uns immer zum Leib Christi, zu den Gleichgesinnten, zur Gemeinde. Mit der Liebe zu Jesus ist es wie bei Petrus. Auf die Antwort der Frage »Liebst du mich?« folgt der Auftrag: »Weide meine Schafe!« (Johannes 21,15). Ein klarer Auftrag für die Kirche!

Diese Leidenschaft will uns der Alltag immer wieder nehmen. Wir alle sind immer so sehr beschäftigt. Der Kampf um die Leidenschaft für Gott und sein Reich lohnt sich jedoch mehr als alles, was wir in unserer Geschäftigkeit erreichen. Wir verlieren die Leidenschaft das ein oder andere Mal, das ist normal. Ich kenne niemanden, der dreißig Jahre auf dem vollen Leidenschaftslevel geblieben ist. Leidenschaft ist wie eine Achterbahn, sie geht rauf und runter – manchmal gibt es sogar Loopings! Es gibt diesen alten Pastorenspruch: »Mit Ach und Krach dem Lamme nach!«

Kennste den? Das bedeutet: Wenn du merkst, dass du deine Leidenschaft verlierst oder sogar schon verloren hast, dann musst du zurück zur Quelle. Dein Herz muss wieder neu unter Strom gesetzt werden – durch ein Bad im Strom Gottes gelingt das zum Beispiel richtig gut!

Du und ich, wir sind die Kirche! Wenn wir unsere Leidenschaft verlieren, verliert die Kirche ihre Leidenschaft. Wenn wir zwar wissen, was richtig und falsch ist, aber das Brennen im Herzen weg ist, bleiben nur noch leere Worte übrig. Dass deine Leidenschaft weg ist, merkst du daran, dass du kein Verlangen mehr hast, dass deine Nachbarn und Freunde Jesus kennenlernen. Wenn dir die Menschen gleichgültig sind. Gleichgültigkeit ist gefährlich. Wir müssen die Leidenschaft umarmen, bevor wir auf Menschen zugehen. Wenn eine fremde Person mich fragt, ob ich ihr 100 000 Euro für ein Auto gebe, würde sie mein Herz nicht erreichen, und ich hätte schnell ein Nein auf den Lippen. Wenn ein Freund kommt und mich dasselbe fragt und ich das Geld übrig hätte, würde ich vielleicht aus Höflichkeit helfen – je nachdem, wie nah er mir steht. Wenn meine Frau eine lebensbedrohliche Diagnose bekommen würde und es nur *ein* Medikament geben würde, das ihr Leben retten könnte, das die Krankenkasse aber nicht bezahlt – ich würde das Geld zusammenbekommen, was immer es kostet! Auch wenn ich dafür über meinen Schatten springen müsste, um Menschen nach Geld zu fragen: für das Leben meiner Frau würde ich es tun! Ich würde jeden ansprechen, der nicht bei drei auf dem Baum ist. Ich würde alles verkaufen, selbst Dinge, an denen mein Herz hängt, die ich sehr hüte. Das wertvollste Werder-Bremen-Trikot, das ich besitze, würde ich meistbietend versteigern. Zur Not würde ich auch Schulden machen. Verstehst du, was der Unterschied ist?

Die Leidenschaft für Jesus ist wie ein Virus.

Die Leidenschaft macht den Unterschied. Wie stark ist dein Herz involviert?

Ob jemand ein Auto hat, ist mir egal. Aber meine Frau ist mir nicht egal. Wenn diese Leidenschaft für Jesus und das Königreich Gottes in uns brennt, sind die Opfer, die wir für ihn bringen, keine Opfer. Sobald diese Leidenschaft weg ist, ist das ganze christliche Leben ein einziges Opfer. Wenn wir unsere Leidenschaft reanimieren können, hat die Kirche eine brillante Zukunft. Menschen kommen nicht zum Glauben, nur weil wir die richtigen Worte oder Werte haben oder weil wir im Prinzip auch recht haben. Menschen kommen zu Jesus, weil unser Herz für Jesus brennt und weil sie spüren, dass diese besondere Leidenschaft uns antreibt. Natürlich hat die Bibel recht, das wissen wir als Christen. Aber deswegen kommt niemand zum Glauben. Leidenschaft für Jesus ist wie ein Virus. Sie steckt Leute an.

Die größte Hochzeitsparty aller Zeiten

Die Gemeinde ist die größte Kennenlernparty aller Zeiten. Und es wurde ihr gegeben, sich mit schönem reinem Leinen anzuziehen:

> Sie darf sich in strahlend weißes Leinen kleiden. Denn das strahlende Leinen steht für die guten Taten der Menschen, die zu Gott gehören. Und der Engel sagte: »Schreib auf: Glücklich sind diejenigen, die zum Hochzeitsmahl des Lammes eingeladen sind.« Und er fügte hinzu: »Das sind Gottes Worte, die wahr und zuverlässig sind.«
> *Offenbarung 19,8-9*

Die Bibel sagt, dass das die größte Hochzeitsparty sein wird, die es jemals gegeben hat. Diese Party wird im Himmel stattfinden. Jesus heiratet seine Braut. Er ist der Bräutigam und die Gemeinde – wir alle, auch ich – ist seine Braut. Das ist natürlich ein Bild, eine Metapher. Bis jetzt sind wir im Beziehungsstatus »verlobt«. Aber eines Tages werden wir ihn heiraten und für immer bei ihm sein. Deswegen wird es die größte Hochzeitsparty aller Zeiten. Weil der Bund für alle Zeiten hält. Und weil es einmalig ist, dass der Sohn Gottes die erwählte Braut aus allen Generationen und Völkern heiratet!

Das wird keine kulturell deutsche Hochzeit. Es wird begeisternd emotional. Es wird nicht religiös. Es wird keine Gäste mit hässlichen Kleidern geben, die mit einem langen Gesicht und leeren Augen gelangweilt in die Hände klatschen. Es wird unbeschreibbar mitreißend!

Aus beruflichen Gründen bin ich bei vielen Hochzeiten. Hochzeiten sind super. Meistens stehe ich vorne, und die Braut wird von ihrem Papa in die Kirche gebracht. Wenn ein Bräutigam reinkommt, ist es eher langweilig, ein Mann, der halt einen schönen Anzug trägt. Wenn die Braut reinkommt, dann drehen sich alle um! Ich finde das faszinierend, wenn sich die Tür öffnet und die Braut den Raum betritt. Manche Bräute erkenne ich kaum wieder, weil sie sich so herausgeputzt haben. Bräute tragen ein besonderes Kleid. Selbst Frauen, die sonst immer nur Hosen tragen – an diesem Tag tragen sie ein Kleid, das überwältigend ist. Herrliche Kleider. Sobald sie angekommen ist, schweifen meine Gedanken schnell zum Buffet, wo ich als Erster stehen möchte. Für das Brautpaar ist das Beste die Hochzeitszeremonie, der Bundesschluss, das Versprechen, das sich nun erfüllt. Aber für Gäste wie mich ist das Buffet sehr wichtig.

Damit das Buffet eröffnet wird, braucht es zwei entscheidende Faktoren: Der Bräutigam *und* die Braut müssen die richtige Antwort auf meine Frage geben. Das ist natürlich auch nur eine Metapher, ich sag so was auch nie. Aber bleib mal dabei und stell dir vor: Er ist total begeistert und sagt Ja, und sie erwidert das mit einem knappen, gelangweilten Nö. Was für eine Tragödie, nicht nur wegen der Party, die ausfällt! Der ganze Aufwand, die Kirche, das Kleid – und sie sagt Nein! Dann eröffnet man auch kein Buffet mehr. Wenn so etwas passiert, kann man sich am Buffet nicht einfach freuen und fröhlich sein.

Es gibt diesen Film, den ich mal vor einigen Jahren gesehen habe: *Die Braut, die sich nicht traut.* Julia Roberts spielt darin herausragend die Braut, die sich nicht traut, Ja zu sagen. Psychologisch gesehen hat sie Bindungsstörungen. Jedes Mal, wenn sie auf den Altar zugeht, gerät sie in Panik und rennt raus. Sie lässt die armen Bräutigame einfach stehen. Natürlich hat der Film ein Hollywood-Happy-End: Wenn sie nicht gestorben sind, essen sie heute noch vom Buffet. Dieser Film hat allerdings meinen Blick auf Nichtchristen verändert.

Jesus ist der Bräutigam, der Ja zu jedem Menschen gesagt hat, zu mir und auch zu dir. Aber auch zu jedem einzelnen Menschen in deiner Stadt, in deinem Dorf, in deiner Region. Wo auch immer jemand ist, Jesus hat zu jedem Menschen Ja gesagt. Sein Ja gab er vor über 2000 Jahren am Kreuz, oben auf Golgatha. Sein Ja hat ihn alles gekostet, er hat nicht nur einen Ring gekauft. Den Mist in meinem Leben hat er mit seinem Blut bezahlt. Er hat alles gegeben! Er ist der Bräutigam. Ich wünsche mir so sehr, dass die Braut, die sich nicht traut, jetzt auch ein Ja zu ihm findet! Damit Annahme, Zugehörigkeit, Fruchtbarkeit, Ewigkeit, Herrlichkeit und alles Erbe, das wir mit Jesus erhalten werden, bei ihm findet! Aber ich kann nicht für sie Ja sagen. Das muss sie selbst und freiwillig machen.

Ich kann sie nur anfeuern, es zu tun: »Ich weiß, der Bräutigam liebt dich! Komm, trau dich!« Die Zweifel und Ängste der Braut kann ich nicht übertünchen. Ich kann nur bezeugen als jemand, der Ja gesagt hat, wie gut es ist, das getan zu haben. Es gibt manche

Entscheidungen, die ich bereut habe. Aber diese Entscheidung, die ich vor über drei Jahrzehnten getroffen habe, bereue ich nicht: Ja sagen zu Jesus Christus war die beste Entscheidung in meinem Leben.

Menschen, die noch nicht Ja zu Jesus gesagt haben, sind seit diesem Film für mich nicht mehr »die Ungläubigen«. So nenne ich sie nie wieder! Nein, sie sind Bräute, die sich noch nicht trauen. Relevante Gemeinde sieht in Noch-nicht-Christen eine Braut, die sich nicht traut. Sie gestaltet ihre Gottesdienste als eine Hochzeitseinladung, bei der es die Möglichkeit gibt, Ja zur Verlobung zu sagen.

Was passiert, wenn die Braut Ja sagt? Die Bibel sagt, dann ist Freude im Himmel. Freude bei den Engeln. Freude im Himmel drückt sich nicht nur in einem schüchternen Lächeln aus. Das ist mehr als die wildeste Party, die wir auf Erden jemals gefeiert haben! Und dafür genügt es, wenn eine Braut, die sich bisher nicht traute, endlich ihr Ja findet und es ausspricht. Es genügt, wenn einer Ja sagt, und schon ist Freude im Himmel, weil der Vater und der Sohn sich so sehr freuen. Diese Freude springt auf die Engel und alle himmlischen Wesen über.

So eine Freude bricht nicht aus, wenn ich gut predige, der Saal sauber ist oder Menschen das Richtige sagen. Sie bricht aus, wenn die Braut Ja sagt. Das ist der Grund, warum ich und meine Kollegen in der Credo Kirche in jedem Gottesdienst Menschen die Gelegenheit geben, Ja zu Jesus zu sagen. Das hat nichts mit Manipulation zu tun, und wenn sich mal niemand meldet, haben wir kein schlechtes Gewissen. Es ist einfach die Chance für die Braut, die sich in diesem Moment traut. Jedes Mal klatschen viele Menschen, wenn sich jemand getraut hat. Das ist die Freude, die aus dem Himmel in unsere Realität rüberkommt – wir haben verstanden: Jetzt ist Partytime!

Menschen sagen Ja, weil irgendjemand aus der Kirche sie mit leuchtenden Augen eingeladen und mitgebracht hat. Der Rest ist die Arbeit des Heiligen Geistes. Kirchen sind wie Hochzeitsgesellschaften: Sie schaffen Raum für die Bräute ihrer Stadt, ihres Umfelds, ihrer Familien, ihrer Straßen, ihrer Schule, ihrer Uni, ihrer Nachbarschaft – es gibt überall Bräute, die sich nicht trauen. Kirchen sind dazu da, ihnen Platz und Gelegenheit zu schaffen, der Braut entgegenzukommen, ihren Ängsten zu begegnen, sie anzunehmen, wie sie ist, sie mit unserer Leidenschaft für Jesus anzustecken. Dafür gibt es Kirchen! Das ist wichtiger, als sich über Kleinigkeiten zu streiten.

> Die Kirche ist kein Partycrasher, Kirche ist ein Partycreator. Die Kirche verdirbt keine Party, sie kreiert Partymomente.

> Denn obwohl ich frei bin von jedermann, habe ich doch mich selbst jedermann zum Knecht gemacht, damit ich möglichst viele gewinne. Den Juden bin ich wie ein Jude geworden, damit ich die Juden gewinne. Denen, die unter dem Gesetz sind, bin ich wie einer unter dem Gesetz geworden – obwohl ich selbst nicht unter dem Gesetz bin –, damit ich die, die unter dem Gesetz sind, gewinne. Denen, die ohne Gesetz sind, bin ich wie einer ohne Gesetz geworden – obwohl ich doch nicht ohne Gesetz bin vor Gott, sondern bin in dem Gesetz Christi –, damit ich die, die ohne Gesetz sind, gewinne. Den Schwachen bin ich ein Schwacher geworden, damit ich die Schwachen gewinne. Ich bin allen alles geworden, damit ich auf alle Weise einige rette. Alles aber tue ich um des Evangeliums willen, um an ihm teilzuhaben.
> *1. Korinther 9,19-23*

Ein anderes Bild: Windhunde wollen nicht rennen. Damit sie es tun, gibt es einen mechanischen Hasen, der sich mit dem Startschuss in Bewegung setzt. Die Windhunde rennen nur dem Hasen hinterher. Wenn die Elektrik ausfällt, rennt der Hase nicht, und die Hunde wissen nicht, was sie tun sollen. Also beißen sie sich gegenseitig oder graben Löcher, um unter den Zaun zu verschwinden, oder sie heben das Bein. Wenn bei uns in der Kirche die Vision – die Elektrik –, dass alle Menschen zu Jesus kommen, weg ist, dann werden wir komisch. Dann streiten wir uns, manche wollen verschwinden und andere »heben ihr Bein«. Solang der Hase läuft – solange die Leidenschaft ihr Feuer nicht verliert –, so lange funktioniert das Windhundrennen. Die Kirche ist dann der beste Ort der Welt.

Sei mit Leidenschaft dabei.

Fazit

Spannungsbögen aushalten

Wir Deutschen sind ein Volk, das gerne schwarz-weiß sieht. Wir stürzen uns von einem Extrem ins andere, aber das sollte nicht passieren. Wir benötigen zwei gute Leitplanken, damit wir weder auf der einen noch auf der anderen Seite vom Pferd fallen. Es gibt immer eine Spannung zu halten, um auf dem Weg des Glaubens zu gehen. Wir werden die Spannung nicht auflösen. Wir gehen in eine Zeit, in der wir uns mehr auf den Heiligen Geist ausrichten müssen und mehr Glauben brauchen. Gott wird sicher mehr tun, aber Vorsicht: Lasst uns nicht von einem Extrem ins andere fallen!

In Apostelgeschichte 12 wird mir das deutlich. Die Kirche hatte gerade eine großartige Zeit hinter sich und dann gab es Widerstände. Genau wie Jesus sie schon verheißen hatte. Man verhaftete den Apostel Jakobus und die Kirche, die es gewohnt war, Zeichen und Wunder zu erleben, begann für eine übernatürliche Befreiung zu beten. Dann kam die Nachricht, dass Gott kein Wunder getan hat. Jakobus wurde enthauptet. Das ist nicht die Nachricht, die man hören möchte, nachdem man gebetet und gefastet hat!

Das löst eine neue Zeit aus, eine Zeit der Verfolgung. Herodes merkt, dass es Menschen gibt, die wirklich begeistert sind, dass er Jakobus hat töten lassen. Also denkt er sich: »Diese Begeisterung will ich anheizen!«, und er lässt Petrus verhaften. Die Menschen der jungen Kirche beginnen wieder zu beten – das waren sie gewohnt.

Ich frage mich, ob sie sich fragten, warum Jesus Petrus jetzt befreien sollte, obwohl er das bei Jakobus nicht getan hat. Aber sie sind treu und beten. Während sie beten, klopft es an der Tür. Petrus war gerade übernatürlich von einem Engel befreit worden. Das wusste natürlich noch niemand. Eine Magd geht zur Tür. Als sie Petrus sieht, schlägt sie völlig perplex die Tür vor seiner Nase wieder zu. Sie rennt in die Gebetsveranstaltung zurück und ruft: »Petrus steht vor der Tür!« Die Leute sagen: »Pscht! Wir beten gerade für Petrus!« Sie entgegnet: »Hört auf! Er steht vor der Tür!« Die Beter können es kaum glauben und vermuten, es ist der Geist von Petrus oder sein Engel.

Wie abgefahren ist das! Sie beten für Petrus und bringen damit zum Ausdruck: »Gott, tu ein Wunder! Wir glauben dir, dass du hier eingreifst!« Als er vor der Tür steht und das Wunder tatsächlich passiert ist, sagen sie: »Mach die Tür zu, wir wollen weiterbeten.« Diese Reaktion verstehe ich sehr gut, denn als sie für Jakobus gebetet haben, bekam er das Upgrade in den Himmel. Dann beten sie für eine ähnliche Situation nur kurze Zeit darauf. Man merkt, die aktive Erwartung, das zu sehen, was sie bitten, hat nachgelassen. Warum sollte Gott dieses Mal eingreifen? Natürlich beten sie trotzdem, sie waren es gewohnt, in allen Situationen zu beten. Dass ihr Gebet diesmal erhört wurde, war selbst für diese treuen Beter unglaublich! Aber Gott erhört ihr Gebet.

Es ist total wichtig, worauf wir den Fokus legen. Entweder auf so eine Jakobuserfahrung: »Bereitet euch vor, es wird schlecht werden! Unser Beten bleibt unerhört!« Oder auf Petruserlebnisse: »So ist unser Gott, er tut Wunder! Er wird *alle* befreien, du musst es nur proklamieren!« Aber die einfache Wahrheit ist: Beides ist wahr!

Wir dürfen »Jakobus-Erlebnisse« nicht ignorieren, nur weil es gerade nicht ins Bild passt. Wir müssen lernen, die Spannung auszuhalten. Falls du also gerade eine Jakobus-Erfahrung gemacht hast, möchte ich dich ermutigen, zu beten und zu vertrauen, dass Gott Petrus befreit hat. Hast du aber gerade eine Petrus-Erfahrung gemacht, dann schau nicht auf die Jakobus-Leute herunter und verlange, dass sie es so machen wie du. À la: »Du musst nur das Richtige glauben, das Richtige beten, die richtigen Knöpfe drücken, dann wird das schon …« So ist es nicht! Gott ist kein Kaffeeautomat, in den du Kapseln steckst und den Milchschäumer nutzst. Gott hat ein Beziehungsmandat, er funktioniert nicht wie Technik. Selbst wenn alle nächsten Erfahrungen Petrus-Erfahrungen sind, vergiss den Jakobus nicht!

Als geistlich reifer Leiter kannst du diese Spannung aushalten. Die Pfingstbewegung macht nicht aus, dass wir nur von Petrus erzählen. Wir weinen auch mit der Familie von Jakobus. Deshalb ist es wichtig, genau abzuwägen, was zu tun ist.

Gastgeberqualitäten

Die Kirche, in der ich zum Glauben gekommen bin, war in einem Hinterhof. Sie hatte einen orangefarbenen Teppich, die Tür quietschte (wenn es für Quietschen eine Steigerung gibt, dann wäre sie hier angebracht). Der Altersdurchschnitt der Menschen war mindestens doppelt so hoch, wie ich heute alt bin. Trotzdem war Jesus großartig. Und nur er! Es geht nicht unbedingt um einen attraktionalen Gottesdienst – es geht um simple Höflichkeitsformen. Der Heilige Geist kommt weder wegen dem guten Kaffee noch wegen irgendwelcher Licht-Attraktionen. Der Heilige Geist kommt, wenn ein Herz offen ist. Sein Auftrag ist es, um die Menschenherzen zu werben, dass sie Ja zum Bräutigam sagen.

Hast du für diesen Fokus Gottes ein offenes Herz? Dann bereite dich vor! Tu alles, was dir möglich ist, um dem Heiligen Geist einen Weg zu bahnen, sein Ding zu machen. Dann erwarte, dass er wirken kann. Gott benutzt für seine eigne ewige Stadt Gold als Straßenbelag, nicht Schotter und Teer. Ihm ist es wichtig, wie etwas aussieht! Wo Gott – Vater, Sohn und Heiliger Geist – ist, da ist es schön! Schönheit ist nicht alles. Wenn der Heilige Geist bei dir ohne diese »Verpackung« wirkt, ist das super. Aber achte darauf. Der Inhalt ist ausschlaggebend und dafür musst du höchstwahrscheinlich aufs Wasser gehen oder ihn als Esel tragen. Die Botschaft vom Kreuz gepaart mit der Kraft des Heiligen Geistes – das wird Menschen berühren. Sei nicht der Gastgeber, der das 5-Sterne-Menü auf dem Geschirr vom Flohmarkt serviert. Oder serviere nicht den aufgewärmten Kaffee und das angeranzte Brot von letzter Woche im Hutschenreuther Porzellan. Es muss zusammenpassen! Gute Gastgeberqualitäten und die beste, klarste Botschaft sind die Grundlage für Gemeinden nach dem Herzen Jesu.

Systeme helfen, den Inhalt zu bewahren. Aber sie ersetzen den Inhalt nicht. Wir brauchen kleine, mittlere und große Gemeinden, Hauskirchen und auch simple Churches. Aber wir brauchen es nicht, dass sich die verschiedenen Formen gegeneinander ausspielen. Denn wir alle gehören zum Team »Jesus Christus«, wir sind eine Mannschaft. Jesus sagte, dass wir an der Liebe untereinander erkannt werden, und das ist in der Gesellschaft, die gerade sehr polarisierend unterwegs ist, entscheidend. Unser Auftrag ist es, zu lernen, mehr *miteinander* aufzutreten und voneinander zu lernen. Aber wenn etwas gut funktioniert, es beizubehalten. Selbst in Deutschland gibt es die unterschiedlichsten Menschen. Was in einer Region funktioniert, muss nicht unbedingt auch in der anderen Region funktionieren – es ist Feingefühl angesagt und kein Fingerpointing.

Vor ein paar Jahren habe ich in einer Gemeinde gepredigt, in der ich nicht den Freiraum hatte, einen Eindruck weiterzugeben.

Dennoch hat Gott mir einen Eindruck gegeben, und so musste ich mir etwas einfallen lassen. Schließlich konnte ich niemanden um Erlaubnis bitten, den Eindruck vom Heiligen Geist weiterzugeben. Sie kannten den Heiligen Geist so nicht und ich wollte ihren Glaubensraum nicht einfach untergraben. So habe ich den Heiligen Geist einfach gefragt: »Wie soll ich das denn weitergeben, ohne jemanden zu verletzen oder bloßzustellen?« So gab er mir die Weisheit, in einem Gebet für die Person und für die Heilung der Krankheit zu danken. Wir müssen nicht komisch sein, um so etwas weiterzugeben.

Auf der anderen Seite wird in einem durchgeplanten, gestylten Gottesdienst der Credo Kirche ein Eindruck außerhalb des Plans mitten im Programm weitergegeben. Der war ziemlich simpel: »Du hast eine Lungenkrankheit und Gott will dich heute heilen.« Im Saal sitzt eine Frau, die schwer lungenkrank ist und nicht richtig zuhört. Sie erwartet auch nicht, dass ihr so etwas jemals passieren wird. Auf dem Heimweg fragt ihre Tochter: »Mama, bist du gesund?« Sie fragt: »Warum soll ich gesund sein?« Die Tochter erzählt ihr von dem Wort und dass sie für ihre Mutter gebetet hat. Die Mutter sagt: »Danke, aber mir passiert so etwas nicht!« Sie war an COPD erkrankt – eine nicht heilbare Lungenkrankheit, die bewirkt, dass man nach ein paar Schritten keine Luft mehr bekommt und früh sterben wird. Sie kann sich nicht vorstellen, dass dieses Wort in dem durchgestylten Gottesdienst für sie persönlich war. Erst als sie nach Hause kommt, merkt sie, dass sie kerngesund ist. Als der Arzt es ihr bestätigt, will sie ihren Schwerbehindertenausweis zurückgeben, weil er ihr ja nicht zusteht. Aber das Amt nimmt ihn nicht. Und so darf sie, obwohl sie kerngesund ist, nun alle Vorteile dieses Ausweises nutzen – doppelter Segen!

Die Welle des Geistes

Gott hat keine Hindernisse. Gott ist souverän. Er braucht weder die Intimität einer Hauskirche noch den Style einer modernen Kirche. Selbst wenn du auf der Straße bist und kein Keyboarder hinter dir herläuft und geheiligte Musik spielt – Gott handelt, wenn Herzen offen und mutig sind. Herzen, die seine Gegenwart spüren und mutig genug sind zu handeln. Deshalb bitte ich dich, mit der neuen Welle des Heiligen Geistes erwachsen umzugehen! Lass Gott wirken, wo er wirken will – frag ihn, was gerade dran ist, und dann sei mutig, um zu tun, was er sagt.

Gott ist mehr Liebhaber als Rechthaber. Das Einzige, wofür du dich entscheiden musst, ist, dem Heiligen Geist mehr Raum zu geben als in der Vergangenheit. Und das Vertrauen, dass, wenn Gott spricht, er zu seinem Wort steht und an deiner Seite mit dir durch Feuer, Wasser und Wüsten geht. Gott ist fruchtorientiert. Solange Menschen mit Jesus in Kontakt kommen, sind wir auf dem richtigen Weg.

Gott ist Liebhaber, nicht Rechthaber.

Limitiere Gott nicht auf Gottesdienste. Natürlich sind für uns Pastoren oder Leiter Gottesdienste im Fokus. Aber ich möchte dich herausfordern, Jesus mal aus der 90-Minuten-Box springen zu lassen. Die Woche hat 10 080 Minuten. Da hat der Gottesdienst mit cirka 90 Minuten schon einen sehr kleinen Anteil. Wenn wir das Wirken Gottes auf diese 90 Minuten reduzieren, was passiert dann in den anderen 9 990 Minuten? Deshalb möchte ich davor warnen, nur damit zu rechnen, dass alles, was Gott tun will, im Gottesdienst passieren wird. Das würde bedeuten, dass in diesen kurzen 90 Minuten alles das auf die Agenda müsste:

- Mehr Gebet
- Tiefer ins Wort einsteigen
- Mehr Predigt vom Evangelium an Menschen, die Jesus nicht kennen
- Mehr Geistesgaben, mehr Prophetien und alle in der Gemeinde sollen weissagen
- Predigt mit Ermahnung, Erbauung und Umwerben der Braut, die sich noch nicht traut
- Mehr Lobpreis und tiefere Anbetung
- Mehr Sammeln, Verwalten und Verteilen von Ressourcen
- Mehr Heilungen und Befreiungen

Das hört sich für mich wie die Quadratur des Kreises an. Deshalb muss Jesus aus der 90-Minuten-Box raus. Wir sind keine Tempelkirche mehr, in der Gottes Wirken nur im Allerheiligsten passiert! Der Vorhang ist zerrissen, wir haben Zugang zum Vater und der Heilige Geist ist die ganze Woche über erlebbar. Gott geht die ganze Woche mit uns. Selbst in der Bibel sind die meisten Heilungen und Befreiungen nicht in der Synagoge passiert, sondern meistens, als Jesus und seine Apostel unterwegs waren.

Das bedeutet, wenn du in deiner Kirche nicht für Heilung beten kannst, kein Problem! Die meisten Kranken sind sowieso draußen – im Supermarkt, an der Bushaltestelle, im Wartezimmer beim Arzt. Der Einzige, den es wirklich interessiert, dass du deine Gaben lebst, ist ständig in und mit dir. Also beschränke Gott und dich selbst nicht auf den Sonntag oder auf einen Heilungsgottesdienst, in dem die Heilungsgabe richtig angefacht wird. Jedes Gebet an jedem Ort ist heilig, jede Gabe ist heilig und jede Heilung, die du erlebst, facht deine Gabe an! Das ist nicht vom sonntäglichen Gottesdienst abhängig, denn Gottesdienst bedeutet, dass du Gott dienst. Und das kann durchaus auch beim Einkauf, in der Bahn, im Kindergarten, in der Schule, auf der Arbeit, im Kollegium oder bei der Elternversammlung passieren.

Das gilt für alle Gaben, die der Heilige Geist uns gibt: Wenn du ein Wort hast, gib es weiter. Wenn du die Gabe der Gastfreundschaft hast, lade die Leute ein. Die Gabe der Großzügigkeit, gib gute Trinkgelder, bezahle jemandem den Einkauf, sei großzügig – auch wenn es nicht auf deiner Steuerbescheinigung steht! Gott kann so viel mehr und anders erstatten als nur in der Steuererklärung.

Ich könnte noch so viel aufzählen . Mein Fazit ist, dass dir deine Gabe nicht nur für den Sonntag gegeben wurde oder wann immer du einen Gottesdienst mit deiner Gemeinde feierst. Die Gabe ist dafür da, dass du sie einsetzt, 24/7. Wenn der Heilige Geist in dir wohnt und Ströme lebendigen Wassers fließen sollen, dann schläft er nicht 9 990 Minuten. In dir ist auch kein Staudamm, der nur sonntags flutet. Lebendig im Glauben zu sein, bedeutet: immer! Der Nebeneffekt ist, dass es viel mehr Spaß macht, Jesus nachzufolgen! Dieser Lifestyle eröffnet dir Chancen, um auf Wasser zu laufen, die Schwerkräfte außer Kraft gesetzt zu sehen. Wenn du offen bist, ist der Heilige Geist der Erste, der Gelegenheiten schafft. Je mehr du sie nutzt, desto mehr Gelegenheiten wirst du bekommen. Du darfst darauf vertrauen, dass Gott mit dir ist.

Es ist auch wichtig, dass du für dich selbst die Box der 90 Minuten öffnest. Eine Kleingruppe oder ein Hauskreis ist weit mehr als ein lustiges Treffen unter der Woche. Auch hier möchte Gott wirken und Leben verändern. Ich selbst wäre ohne meine Kleingruppe noch lange nicht da, wo ich jetzt bin. Alltag, Kleingruppe Jüngerschaft – das sind die Schaufenster, in denen Menschen ihren Glauben authentisch leben können und anderen Menschen helfen, neugierig auf die Sache mit Jesus zu werden. Die Kraft des Heiligen Geistes ist uns nicht dafür gegeben, Insiderpartys zu feiern, sondern damit wir eine sterbende Welt mit dem übernatürlichen Jesus Christus konfrontieren.

Suchen geht nicht halbherzig

Auf Jesus schauen – das mag ich sehr. Und Jesus sagt dann so Sachen wie: »Denn der Sohn des Menschen ist gekommen, um zu suchen und zu retten, was verloren ist« (Lukas 19,10; SCHL). Früher habe ich nur gelesen: »Der Sohn des Menschen ist gekommen, um zu retten, was verloren ist.« Ich habe festgestellt, dass Jesus nichts dagegen hat, wenn Leute errettet werden. Und ich hab auch nix dagegen. Niemand sollte etwas dagegen haben, wenn Menschen zum Glauben kommen und gerettet werden. Nichts dagegen zu haben, heißt aber nicht, dass man auch dafür ist. Aber Jesus sagt es anders, das bewegt mich seit Jahren: »Der Sohn des Menschen ist gekommen, um zu *suchen* und zu retten …« Vor dem Retten gibt es das Suchen.

Was bedeutet es denn, zu suchen? Eine Gemeinde, die als Licht leuchtet, hat einen inneren Sensor, Menschen zu suchen, die verloren sind. Der Sensor ist nicht nur ein Bewegungsmelder, der das Licht anknipst, wenn jemand da ist. Suchen ist Aktion, nicht Re-Aktion. Verloren sind nicht nur die ganz Kaputten und die, die ihr Leben scheinbar nicht auf die Kette bekommen. Verloren bedeutet: Da ist jemand getrennt von Gott! Das sind die Menschen, die Jesus sucht. Und die deswegen auch alle Menschen, in denen Jesus lebt, suchen. Dieser Such-Sensor ist ein innerer Reflex, Menschen zu Jesus zu bringen – mit allem, was dazu nötig ist.

Mein Sohn war in den ersten vier Jahren seiner Schullaufbahn in einer christlichen Grundschule. Wir wohnten in einer Gegend, in der das sehr sinnvoll und gut war. Das war eine echte Kuschelschule! Die Lehrerin – sie ist jetzt in der Mission – förderte die Kinder so liebevoll! Es war wie eine Vorstufe zum Himmel. Eine Art Schule, wie wir sie uns als Eltern für unsere Kids immer wünschten. Dann wechselte er in die fünfte Klasse und musste weg von dieser kleinen, wohlwollenden Insel, quasi hinaus aufs raue Meer: ein Gymnasium mit 1 000 Schülern. Wahrscheinlich hat mich das als Vater mehr erschreckt als meinen Sohn damals.

Erster Tag, Sohnemann muss Bus fahren. Mit unserer Helikoptertendenz haben meine Frau und ich beschlossen, ihn zum Busbahnhof zu fahren, um ihm genau zu erklären, welche Busse er nehmen muss. Wir haben ihm versprochen, wenn er wieder zurückkommt und aus dem Bus aussteigt, dass wir da sind. Die Unterrichtszeit ist vorbei und meine Frau und ich sitzen im Auto und warten auf unseren Zehnjährigen. Der Bus kommt, die Türen gehen auf, die Kinder strömen raus – wer ist nicht da? Unser Sohn. Ein kleiner Anflug von Nervosität überkommt uns. Wir warten auf den nächsten Bus, den nehmen gewöhnlich nur die »großen« Jungs. Der Bus kommt, die Türen gehen auf, die Jungs strömen raus – wer ist nicht drin? Unser Junge! Jetzt werden wir richtig nervös und fangen an zu beten: »Jesus, das kann nicht sein, Heiliger Geist, wo isser denn? Jesus, mach irgendwas, tu was!« Dann kommt der Gedanke: »Vielleicht ist er doch direkt nach Hause gefahren, er hat nicht verstanden, dass wir hier warten!« Wir rasen also nach Hause – wer ist nicht da? Unser Sohn.

In diesem Moment setzt der Panikmodus ein. Ich habe festgestellt, im Panikmodus bete ich immer anders als in der Kirche. Dann rede ich zu Gott mit ganz anderen Worten und drücke mich nicht mehr so gewählt aus. Ich schmeiße ihm eigentlich nur Gedankenfetzen entgegen – mehr so wie im Comic. Ich fahre mit dem Auto wild in der ganzen Gegend hin und her. Momente wie dieser verdeutlichen mir, wie es Gott wohl geht. Wenn ich schon so in

Panik gerate und alles tue, um mein Kind zu finden, wie viel mehr macht Gott das? Um die Geschichte aufzulösen: Wir waren eine Stunde zu früh am Bahnhof! Unser Sohn hat alles richtig gemacht, kam ganz entspannt aus dem Bus. Nur wir waren total durchgeschwitzt, weil wir so angestrengt gesucht und das schrecklichste Kopfkino durchlebt hatten.

Jesus sagt: »Ich bin gekommen, um zu suchen und zu retten, was verloren ist.« Suchen ist etwas ganz anderes als ein lässiges »Ich hab nix dagegen!«. Es geht nicht halbherzig. Wenn du wirklich suchst, dann bist du da mit Haut und Haaren drin.

Woran Gott den ganzen Tag denkt

Jesus versucht den Leuten deutlich zu machen, woran Gott den ganzen Tag denkt. Hast du dich mal gefragt, woran *du* so den ganzen Tag denkst? Jeder Mensch hat rund 60 000 Gedanken pro Tag und man merkt gar nicht, was man da so denkt. Das läuft einfach so im Automodus durch – es ist nie Ruhe in unseren Gedanken. Wenn wir zwischendurch nicht schlafen würden, würden wir durchdrehen. Wir denken den ganzen Tag an die verrücktesten Dinge. Manchmal denke ich so einen Blödsinn, dass ich froh bin, dass es keiner mitbekommt. Woran denkt ein Fußballspieler den ganzen Tag? An Fußball. Ein Firmenchef? An seine Firma. Eine Verliebte? An ihren Geliebten!

Bei Verliebten erlebt man eine vollkommene Verwandlung, das ist ein echtes Phänomen. Hast du das schon mal beobachtet? Wenn sich so ein voll distanzierter Typ verliebt? Einer, der es normalerweise abstrakt findet, wenn man zu viel Nähe haben will, bei dem man auf die besonderen Momente warten muss, um ihm nahe zu kommen. Nicht, weil er beziehungsunfähig ist, mit dem kann man durchaus philosophieren und sich beim Fußballgucken die Köppe heißreden! Es ist eben einer, der keine überflüssigen Gespräche oder »Gruppenkuscheln« mag. Wenn sich so jemand verliebt, dann dreht sich das Distanzverhalten um 180 Grad, und der wird zu Pattex.

Gott denkt auch den ganzen Tag. Aber woran denkt er? Im Lukasevangelium, Kapitel 15, finden wir ein paar Gleichnisse, mit denen Jesus versucht, genau das zu erklären.

Das verlorene Schaf

Er geht mit den Menschen auf Augenhöhe und sieht, dass er lauter Hirten vor sich hat. Also erzählt er das Gleichnis vom Hirten, der 100 Schafe hatte.[15] Als eines verloren ging, ging der Hirte los, ließ die anderen 99 Schafe zu Hause und suchte das eine so lange, bis er es fand. Da kann man sich fragen: Er hat doch noch 99, warum sucht er das eine Schaf? Die große Mehrheit, 99 Prozent, ist doch noch da! Aber Gott denkt nicht wie ein Mathematiker! Er sucht das Verlorene. Dafür lässt er alles liegen und stehen und sucht dieses eine Schaf.

Die verlorene Münze

Dann bemerkt Jesus: »Okay, nicht jeder hier hat eine Schafherde. Aber Geld kennen sie alle!« Und so erzählt er das Gleichnis von der verlorenen Münze.[16] Er erzählt von einer Frau, die Geld verloren hat: »Alles auf Stopp! Ich muss diese wertvolle Münze finden!« Stell dir vor, in deiner Wohnung sind eine Million Euro versteckt und du darfst sie behalten, wenn du das Geld findest – was machst du? Bleibst du auf der Couch und legst die Füße hoch oder drehst du jeden Teppich um, reißt die Tapeten von der Wand und suchst nach Hohlräumen im Fußboden? Die Frau im Gleichnis von Jesus sucht!

Der verlorene Sohn

Doch es bleibt nicht bei der Suche nach etwas Materiellem. Gott geht es um Beziehung. Deshalb erzählt Jesus die ultimative Augenhöhe-Geschichte: das Gleichnis vom verlorenen Sohn.[17] Mit Gott ist es so wie mit einem Vater, dessen Sohn total durchknallt und sich sein Erbe vorzeitig auszahlen lässt. In der jüdischen Kultur der damaligen Zeit ist das ziemlich dreist von dem Sohn. Als würde er zu seinem Vater sagen: »Ich will das Erbe haben, warum bist du noch nicht tot?« Aber der Vater gibt ihm trotzdem großzügig das Erbe. Und was macht der Sohn? Er bringt es durch. Alles, wofür der Vater ein Leben lang gearbeitet hat, verschwendet der Sohn beim Saufen, Partymachen und mit Prostituierten. Er verliert alles und wird ein armer Schlumpf. Zuletzt landet er in einem Schweinestall. Dann denkt der Sohn: »Ich geh jetzt nach Hause zu meinem Vater, vielleicht kann ich bei dem jobben. Das ist immerhin besser, als wie ich jetzt lebe.« Und als er zu Hause ankommt, stellt er fest, dass sein Vater jeden Morgen aufgestanden und ans Fenster gegangen ist, um zu gucken, ob sein Junge nach Hause kommt.

Jesus begibt sich auf Augenhöhe mit den Menschen und sagt: »So ist Gott.« Der Vater hätte auch ganz anders reagieren können – aus Scham vor den Nachbarn, aus Verletztheit –, aber nein: Er rennt dem Sohn entgegen und nimmt ihn in den Arm, obwohl der Sohn wie ein Schwein stinkt. Der Vater feiert sogar noch eine Party – nur weil der Sohn zurückgekommen ist. »So ist Gott«, sagt Jesus. Wenn du also wissen willst, was Gott den ganzen Tag denkt, dann geben dir diese Gleichnisse die Antwort.

»Ich will Menschen retten!« – Jesus

Das ist für mich das Bild, wie Jesus seine Kirche sehen will. Wir sind alle gemeinsam auf der Suche nach dem Schaf, nach der Münze und nach dem verlorenen »Jung«. Wir lassen uns nicht davon abhalten, auch wenn er noch eine Runde feiern geht. Wir lassen uns nicht abhalten, wenn wir die Münze nicht sofort finden, sondern suchen weiter. Und auch die Dornen halten uns nicht davon ab, das Schaf zu retten, selbst wenn wir völlig zerkratzt werden. Weil die Liebe von Jesus Christus zu den Verlorenen in uns drängt und uns anschiebt. Weil wir gelernt haben: Ein Risiko einzugehen, lohnt sich. Weil wir unseren Gott kennen, der bei jedem Glaubensschritt treu ist. Und weil wir seine Vision im Herzen tragen: Menschen suchen, finden und retten. Seine Vision von der Ewigkeit in ihre Herzen schreiben. Das ist das Wesen von uns Christen, wenn die Gedanken Gottes uns leiten dürfen. Wir sind mit Jesus auf der Suche.

Jesus ist gekommen, um zu suchen und zu retten, was verloren ist. Das ist, was Jesus in der Kirche sieht. Das ist es, was er in seine Kirche hineinpflanzen möchte, indem er auf Augenhöhe zu uns kommt und sagt: »Liebe Kirche, ihr seid kein Selbstzweck, sondern ihr seid jetzt meine Mission. Ich habe euch den Heiligen Geist gegeben, damit ihr meine Mission weiterlebt – sucht und rettet und glaubt und vertraut mir, und lasst euch nicht verrückt machen, wenn Leute euch ablehnen oder beleidigen! Meine Liebe ist größer. *Ich* bin ein menschenverliebter Gott – ich will Menschen retten.«

Danke

Ein Erfolg hat immer viele Väter und Mütter. Dass ich praktisch ein Buch über Glaube schreiben darf, macht mich demütig. Viele Menschen haben mir geholfen, diese Prinzipien zu leben. Ich kann nicht alle aufzählen. Bei einigen will ich es versuchen.

Elke – Für dich möchte ich ein besserer Mann werden. Du bist und bleibst meine beste Freundin und Prinzessin! 😉

Christina, Judith und Janek – Ihr ahnt nicht, wie stolz ich auf euch bin. Für euch möchte ich ein besserer Mensch werden.

Christian, Bob, Petra, Anke und Franziska – Allein euch zu kennen, macht mich zu einem besseren Leiter.

Manfred, Johannes und Uwe – Ihr habt mehr in mich hineingelegt, als ihr ahnt.

Andy – Was kann ich sagen? Durch deine Loyalität kann ich leben, was ich liebe.

James, Peter und Daniel – Mit euch … wird alles möglich!

Johannes und Björn – Nächstes Jahr in …?

Emma und Erna – *In loving memory.*

SCM Verlag und Annalena – Danke, dass ihr mehr Glauben an mich habt als ich selbst.

Mari – Ohne dich gäbe es dieses Buch nicht. Punkt. Danke!

Jesus – *Amazing grace, how sweet the sound. That saved a wretch like me. I once was lost, but now am found. Was blind, but now I see.*

Anmerkungen

1 Zum Beispiel Johannes 14,26 oder Johannes 16,13.

2 Markus 8,33: »Jesus aber wandte sich um, sah seine Jünger an und wies Petrus mit den Worten zurecht: Tritt hinter mich, du Satan! Denn du hast nicht das im Sinn, was Gott will, sondern was die Menschen wollen« (EÜ).

3 Hebräer 11,1.

4 Nachlesen kannst du diese Geschichte übrigens in 1. Samuel 14.

5 Hebräer 11,1.

6 Vgl. Mark Batterson: Kreiszieher. Kühn beten und Wunder erleben, Holzgerlingen: SCM R.Brockhaus 2020.

7 Vgl. https://de.wikipedia.org/wiki/Schuldner (zuletzt aufgerufen am 15.04.2024).

8 Matthäus 25,23: »Der Herr sagte: ›Gut gemacht, mein guter und treuer Diener. Du bist mit diesem kleinen Betrag zuverlässig umgegangen, deshalb will ich dir größere Verantwortung übertragen. Lass uns miteinander feiern!‹«

9 Du kannst die ganze Story in Josua 3 nachlesen.

10 Apostelgeschichte 9, ab Vers 10.

11 Vgl. Batterson: Kreiszieher.

12 Matthäus 25,14-30.

13 Niedereisenhausen ist ein Dorf im hessischen Hinterland und als solches ein Ortsteil der Gemeinde Steffenberg im mittelhessischen Landkreis Marburg-Biedenkopf mit 1 300 Einwohnern.

14 Lösung: 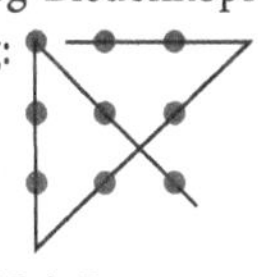

15 Lukas 15,1-7.

16 Lukas 15,8-10.

17 Lukas 15,11-24.